#19
R.L. STEVENSON BRANCH LIBRARY
803 SPENCE STREET
LOS ANGELES, CA 90023

W9-BLT-032

CÓMO MANDAR A LA GENTE AL CARAJO

APR 1 6 2018

César Landaeta H.

CÓMO MANDAR A LA GENTE AL CARAJO

En diez fáciles lecciones

S 150.132 L2535 2017

www.edaf.net

MADRID - MÉXICO - BUENOS AIRES - SANTIAGO

2017

2362 0167 0

© 2017 César Landaeta H.
© 2017. De esta edición, Editorial EDAF, S.L.U.

Diseño de la cubierta: Gerardo Domínguez
Maquetación y diseño de interior: Diseño y Control Gráfico, S.L.

Editorial Edaf, S.L.U.
Jorge Juan, 68,
28009 Madrid, España
Teléf.: (34) 91 435 82 60
www.edaf.net
edaf@edaf.net

Ediciones Algaba, S.A. de C.V.
Calle 21, Poniente 3323 - Entre la 33 sur y la 35 sur
Colonia Belisario Domínguez
Puebla 72180 México
Telf.: 52 22 22 11 13 87
jaime.breton@edaf.com.mx

Edaf del Plata, S.A.
Chile, 2222
1227 Buenos Aires (Argentina)
edaf4@speedy.com.ar

Edaf Chile, S.A.
Coyancura, 2270, oficina 914, Providencia
Santiago - Chile
comercialedafchile@edafchile.cl

Queda prohibida, salvo excepción prevista en la ley, cualquier forma de reproducción, distribución, comunicación pública y transformación de esta obra sin contar con la autorización de los titulares de la propiedad intelectual. La infracción de los derechos mencionados puede ser constitutiva de delito contra la propiedad intelectual (art. 270 y siguientes del Código Penal). El Centro Español de Derechos Reprográficos (CEDRO) vela por el respeto de los citados derechos.

Abril de 2017

ISBN: 978-84-414-3737-1
Depósito legal: M-4044-2017

PRINTED IN SPAIN   IMPRESO EN ESPAÑA
COFÁS

A mi amiga Ivonne Pimentel de Medina,
motivadora de mi deseo por instruir
en las mejores formas para mandar
a cierto tipo de gente al carajo.

Índice

Introducción

Una anécdota refiere que cuando el rey Carlos I de Inglaterra iba a ser sacado para su ejecución, en el gélido enero de 1649, se le comunicó la decisión de concederle un último deseo.

El reo, quien siempre se había considerado víctima de una artera conspiración, solamente pidió que se le permitiera usar dos camisas.

Al comprobar la sorpresa que el extraño requerimiento causó en sus interlocutores, el altivo monarca dio la siguiente explicación:

—Es que allá afuera seguramente estarán reunidos todos mis enemigos…y no quiero que me vean temblando, ni siquiera de frío.

Desde el momento mismo en que escuché de boca de uno de mis profesores de bachillerato la narración del interesante suceso, quedé impresionado por lo que sin duda era un ejemplo magnífico de grandeza espiritual.

Aquel monarca defenestrado, indefenso y en las condiciones más desventajosas que pueda alguien imaginar, estaba, sin embargo, deseando asestarles una bofetada moral en plena cara a sus rivales.

La acotación de un compañero con quien conversaba a la salida de clases, fue el corolario definitivo para el curioso relato:

—¡Qué buena mandada al carajo! —dijo mi amigo—. El tipo sabía que los otros se iban a alegrar si pensaban que temblaba de miedo y poniéndose dos camisas, los dejaba con un palmo de narices.

Desde luego, resulta discutible la afirmación de que el gobernante, sacrificado a los avatares políticos que sufrió la nación inglesa en el siglo XVII, durante su mandato haya sido un dechado de rectitud y tampoco es que nos importe por el momento dirimir esta cuestión.

Si repasamos los textos de los historiadores, cada cual sacará su juicio particular acerca de la personalidad de Mr. Charles y decidirá, en consecuencia, si le parece un hombre ejemplar o una mala pécora; pero, de que tenía muy claro el placer que brinda arrebatarles del hocico a los perros el hueso más suculento y dejar plantados a los morbosos, eso ni dudarlo.

Como bien apuntó mi compañero, esta estampa —así como algunas más que se citan en los anecdotarios— refleja la inteligencia y la alta autoestima de quien se da el gusto de mandar al carajo a cierto tipo de gente.

A pesar del frecuente uso que se da en la sociedad a la expresión «mandar al carajo» y el grado de satisfacción que aporta su ejercicio, es abismal la inhabilidad o la falta de práctica que exhibe un gran porcentaje de los humanos para autoafirmarse. Es decir, para reconocer su derecho a recibir el mejor trato posible y ejercerlo de la manera más efectiva.

Una simple observación del acontecer diario, bastaría para convencernos de que la mayoría de las personas aguanta más de lo debido y vive expuesta a que los infaltables listillos, se aprovechen de sus debilidades.

Causa risa, cuando no dolor, escuchar las declaraciones de independencia y solidez emocional que pregonan algunos individuos, solo porque son maleducados o porque tienen un carácter irascible. ¡Cuán equivocados están! Estos supuestos versados en el oficio de mandar a otros al carajo, en realidad están muy cerca de ser ellos mismos los primeros en la lista para ser enviados hacia tan deshonroso destino.

Lo cierto del caso es que un sinnúmero de individuos anda por la vida como esos mendigos callejeros que llevan a cuestas todas sus posesiones. Casi todos objetos inservibles, pero de los cuales no se atreven a prescindir, porque es lo que han aprendido a definir como propio.

Mi invitación para ti, que has decidido libremente —espero— acompañarme en este curso de asertividad (a fin de cuentas, «mandar a la gente al carajo» no es más que ser asertivo) es a que medites por un instante y te preguntes: ¿De verdad necesito mantener intacto el repertorio de actitudes y creencias que llevo encima, el cual me obliga a soportar necios, empeñados en sacar partido de mi bondad?

Solicitando el debido permiso, me acerco a tu oído para preguntarte:

¿Con cuánta frecuencia has sentido estar a merced de caprichos neuróticos que no son los tuyos, sino de gente que ni idea tiene de cómo piensas o la forma como quisieras ser tratado(a)?

Y la cuestión esencial, la más relevante en relación con el tema de la autonomía individual y el equilibrio emocional se refiere. Por favor, responde con absoluta honestidad: En el fondo de tu corazón, ¿no te gustaría darles una patada en el trasero a esos parásitos que se alimentan de tus indecisiones o las fallas que pueda haber en tu sistema de protección emocional?

¡Ajá!... ¿Y por qué no te decides a hacerlo?, ¿por miedo?, ¿costumbre?, ¿desconocimiento de la técnica?... A ver, ¿por qué?

Sean cuales sean las respuestas o justificaciones que tengas a mano, ¿no crees que deberías reflexionar sobre tus capacidades para la defensa del espacio privado que tienes en el mundo y hacer algo para resguardarte de abusos y atropellos que no mereces.

De eso trata este sencillo manual: ¡Aprender a ser libre!

Mi intención es sugerirte un método probado y eficaz de apartar los obstáculos que se oponen a tu alegría, tu independencia y, en particular, a tu tranquilidad espiritual.

Sinceramente reconozco mi ignorancia sobre el resultado de la petición que formulara el tal Carlos I. Desconozco si el noble caballero se salió con la suya y recibió las prendas que preservaran su dignidad, o si los enemigos igual lograron mofarse de él.

Independientemente del desenlace de la historia y suponiendo que no haya podido disfrutar de la postrera satisfacción a su Ego, al menos debe reconocérsele la valoración que tenía de una dignidad que no deseaba perder.

El motivo principal que me ha llevado a componer este compendio de lecciones, es contagiar al lector con algo del orgulloso plante exhibido por el defenestrado monarca, cuando decidió dejar con los crespos hechos a quienes querían verle acobardado.

De ser así, la misión estará cumplida y tanto tú como yo podremos suspirar de satisfacción por haber trabajado juntos en la tarea u objetivo de mejorar tus condiciones de vida.

Si por mala fortuna fracaso en la empresa propuesta y el libro no alcanza a satisfacer tus expectativas, siempre tendrás la opción de mandar al texto —y a este servidor—, al cesto de la basura (equivalente al helado carajo).

Igual quedaré complacido, en virtud de que habrás escogido precisamente la vía que he querido mostrarte: la de ejercer tu derecho a ser libre y quitar del medio aquellas cosas que no se ajusten a tus exigencias.

Ya ves… Ganas de todas maneras.

¡Adelante, entonces! Prepara las neuronas que destinas al aprendizaje, para que grabes en ellas nuevas ideas y sepas lo que es el placer de una verdadera libertad.

Algo me dice que te vas a deleitar con lo que viene a continuación.

César Landaeta H.

Antes de empezar. ¿Quién soy yo?

He aquí la pregunta más importante que debes hacerte, antes de emprender la tarea de fortalecer tu autonomía y defender el derecho básico a elegir la forma en que quieres vivir.

Nunca deja de sorprenderme la cantidad de veces que interrogo a alguien sobre un punto que debería producir una respuesta casi automática y, en su lugar, lo que aparecen son gestos de estupefacción o inquietantes ataques de tartamudez.

Con total seguridad te digo que si eres incapaz de definirte en tu más pura esencia, tienes más problemas de los que crees. Uno de ellos es la dificultad para establecer diferencias entre tu personalidad individual y el estilo masificado del medio social que te rodea.

La carencia de un concepto elaborado y específico que caracterice tu estilo como ÚNICO, es el principal obstáculo que hallarás en la ruta hacia la anhelada independencia.

Pero, no te angusties antes de tiempo. Hay solución. Permíteme sugerir dos pasos destinados a orientar tu pensamiento:

1. Focaliza tu atención sobre aquellos aspectos que te caracterizan como persona y que sin duda alguna valoras como elementos de identidad. Esto implica descartar adjetivos calificativos de esos que resuelven con facilidad el asunto. Elimina etiquetas del tipo: «Soy de tal o cual región», «Un ser humano», «Hijo —hija— de X o Y», etcétera. Ninguna calificación en la cual puedan agruparse grandes colectivos o que se preste a confusión, contribuye a resaltar tu unicidad.

2. Prescinde de rótulos acerca de lo que HACES. Es lo más conveniente con expresiones tales como: «Soy un mecánico», «Una enfermera» o cualquier otra profesión que desempeñes, estarás en el rango de los niños que definen a los objetos por su uso. Por ejemplo, cuando se les pide definir un paraguas la respuesta que primero se les viene a la mente es: «Para no mojarse». Y desde luego, intuyo que no querrás ser identificado con un objeto que se usa y se desecha, ¿verdad?

Pues bien, la meta es lograr que se te conozca por lo que ERES en la esencia más profunda y no por otra cosa.

Si todavía te quedan dudas sobre lo complicado que resulta definirse con propiedad, te invito a realizar una prueba de campo: pídele a unos de tus conocidos, amigos o familiares que diga quién es, tan rápida y detalladamente como pueda.

Me complazco imaginando tu sonrisa compasiva al ver al otro debatirse entre vacilaciones y búsquedas de conceptos situados en alguna zona del espacio sideral.

¡Venga! Hazlo tú de la forma como te he recomendado. Intenta delinear un auténtico perfil de tu identidad que no se parezca a ningún otro.

¿Difícil? ¡Claro que lo es! Solo a muy contados individuos se les educó para diferenciarse de los demás y asumir un rol distinto al que le impone el entorno social.

Complementando lo ofrecido al inicio de esta sección, te dejo otra guía para pensar: por lo general, lo que ERES está vinculado a tus gustos. Eres aquello que te complace aun cuando solo sea en una dimensión idealizada o simplemente, como producto de tus fantasías personales.

Te sugiero otro ensayo: echa un vistazo a los temas que excitan tu interés y abre una pantalla mental. Ubica en el centro de ella tu retrato, a un costado tu nombre y al lado opuesto una columna donde escribirás punto por punto, aquello que te gusta, lo que disfrutas con mayor placer y las cosas que te agradaría tener en tu vida.

Un consejo previo es que no te dejes acorralar por falsas modestias ni te acojas a principios morales que privilegian el deber sobre el placer.

Excluye también las restricciones educativas que enseñan a anteponer el Tú al Yo (¿Recuerdas, «El burro adelante para que no se espante»?) y privilegia tu existencia como si fueras el único habitante del mundo.

Cierra los canales de censura que bloquean el libre flujo de ideas y arrellánate en un confortable sillón a recorrer paisajes, saborear tus bebidas y hartarte con tus comidas favoritas, rodeado de la gente que más quieres.

Con permiso, me acomodo a tu lado para irte orientando en el proceso.

Suponiendo que seas un hombre y desestimando las limitaciones económicas que puedas tener en la actualidad o las demandas que te impone una agotadora rutina cotidiana, lo que te gustaría es tumbarte en una playa mediterránea, con un «cuba libre» en la mano y grabando en tus retinas los bronceados cuerpos femeninos que desfilan a tu alrededor.

¡Listo!, esto te plasma como un epicúreo voyeurista cuya mayor fuente de satisfacción es la complacencia de lo sensorial. Allí tienes el principio básico que determina una gran parte de tu conducta habitual. A pesar de que ni por casualidad estés en las cercanías del mar o en tu rutina diaria contemples cuerpos dignos de una mirada lasciva, ERES un mirón gozador.

Supongamos ahora que perteneces al sexo femenino y lo que te gustaría es vivir a lo *top model*, dueña de un ropero sensacional, con uno o varios armarios repletos de zapatos de todos los colores, olores y sabores, esquivando *paparazi* que te persiguen ansiosos de sacarte en las revistas de farándula… ¡he allí tu verdadera naturaleza!

No te detengas en consideraciones tales como que tu peso es superior a los cien kilos o tienes una edad tan avanzada que estás más para un asilo de mayores que para una pasarela de la moda. En tu espejo interno lo que hay reflejado es una bomba sexy, la cual haría perfecta combinación con el voyeurista que sueña con tenderse al sol frente al Mediterráneo. ¡Punto! Eso ERES y ¡al carajo los envidiosos!

Definiciones como estas, apegadas a tus deseos más íntimos son las que necesitas para establecer una personalidad propia y distinguible del resto de tus semejantes.

Si no te habías planteado antes la importancia de adquirir una cualidad como la descrita, tal vez hayas estado moviéndote dentro de una aglomeración de gente que se mueve según vaya la marea. Pero, calma, hay soluciones para todo.

Cuando hayas descubierto lo extraordinario que es eso de particularizarte y despegarte del montón, estarás en condiciones de moverte hacia un segundo peldaño de la escala que conduce a la individualidad: definirte a partir de tu trayectoria vital.

Acude a donde dejaste tu pantalla mental y traza una línea histórica de vida que te ayude a recabar datos útiles para la meta que te has fijado.

Analiza:

1. Cuál es tu origen. (Familia, ancestros, tradiciones, etcétera).

2. Qué estilo de crianza emplearon tus padres (¿Estrictos?, ¿permisivos?, ¿democráticos?).

3. ¿Cuáles experiencias de vida te han marcado de manera determinante?

4. ¿Cómo has elegido tus actitudes, creencias y los valores que reconoces como parte de tu repertorio conductual? ¿Cuáles deseas mantener y cuáles podrías cambiar?

—¿Y de qué ha de servir plantearme semejante escenario? —siento que podría ser la protesta de un escéptico—. Suena a pérdida de tiempo hacer una introspección basada en tonterías que no podrán realizarse o revisar un pasado que no puedo modificar. ¿No será mejor actuar espontáneamente, dejar todo como está y que el azar decida lo que vaya a acontecer?

—¡Nada de eso! —afirmo yo—. En lo absoluto es malgastar el tiempo, dedicar unos minutos del día a meditar sobre la persona más importante que tienes delante: TÚ mismo. ¿O es que crees más en el papel del «azar», que en el poder de tu plano inconsciente a la hora de funcionar en sociedad y tener el éxito que mereces?

¿Cuántas veces a ti —representante del género masculino— no te han señalado que miras a las mujeres con ojos de joyero avaricioso?

¿Y tú, querida amiga? ¿No suspiras como enamorada de telenovela, cuando ves por televisión los desfiles del Miss Universo o te enteras de que una de las Kardashian se ha comprado un vistoso Jaguar?

A ambos les aseguro que no hay nada de qué avergonzarse y al escéptico le recomiendo otro tipo de análisis.

Los adultos que hoy en día nos catalogamos de «normales», en nuestra infancia fuimos ampliamente influenciados por el llamado Principio del Placer. Luego, al crecer, nos fuimos amoldando a reglamentos que sancionaban negativamente el goce y nos vimos obligados a sepultar las tendencias recreativas en un compartimiento secreto. ¿Murieron al quedar allí arrumadas? De ningún modo. La energía psicológica es poderosa y se conserva intacta, aún bajo la roca más pesada.

Es por eso que, detrás del antifaz de formalidad que exige la comunidad de los «respetables», el hombre puede estar en su cómodo sillón playero, consumiendo bebidas reconfortantes o la mujer, compitiendo a la corona de Miss-lo-que-sea, con una larga fila de fotógrafos ávidos por captar su esplendorosa imagen. ¿Quién puede criticarlos?

En el fondo de sus almas son y serán unos niños soñadores, si es que se conceden el permiso para ello.

Mi consejo para ti es que mantengas el traje que hayas escogido para presentarte en sociedad, pero sin despreciar la identidad infantil de fondo. Aquella que es honesta —como lo es la mayoría de los niños— y juguetona, sin llegar a la insolencia.

Si crees estar en perfecto dominio de tu identidad personal, nada pierdes con intentar la revisión que he sugerido. No te hará daño alguno y la ganancia en autonomía emocional, compensará el esfuerzo o el tiempo que hayas invertido.

La famosa frase socrática «Conócete a ti mismo» jamás ha perdido vigencia y yo me permito añadir la coletilla: «…y al niño que llevas dentro».

Rescátalo, ponlo al lado del adulto que has formado a punta de cincel y que una parte de ti cuide a la otra. Tomados grande y chico de la mano, les resultará mucho más fácil (y divertido) deshacerse de estorbos, caminar con libertad y una alegría que desconocen los aborregados.

Es increíble la cantidad de gente que anda por el mundo soportando abusos y vegetando en relaciones insatisfactorias, sin autoridad alguna para mandar nada al carajo, solo porque no saben quiénes son ni aceptan su lado mágico.

Les horroriza quedarse solos y se apegan a cualquier «héroe» que les ofrezca el consuelo de una relación, por mentirosa o estafadora que pueda resultar.

Dependen de otros como los adictos a su droga y son incapaces de ganarse el respeto ajeno, debido a que no saben cómo defender el propio.

¿Es eso lo que deseas para ti? Ojalá, no.

Analicemos otra muestra de lo que es definirse, pero esta vez haciendo una concesión a los suspicaces.

Cediendo a sus planteamientos críticos, dejamos por un momento a quienes se regodean en sueños estrambóticos y ocupémonos con alguien más apegado a la tierra y sus exigencias.

Pongamos que ese «alguien» eres tú, un humano (del género que corresponda) merecedor de una razonable felicidad y con un proyecto vital que deseas ver convertido en realidad.

En fin, que consumes unas gotas de sano narcisismo y tu máximo anhelo es pasártela tan bien como puedas en el tránsito por este planeta.

De pronto, inspeccionando el portafolio de tu contabilidad emocional, descubres un desbalance atroz entre lo que te hace feliz y lo que te atormenta. Los obstáculos a tu bienestar son grandes y hasta ahora no has sabido qué hacer para superarlos porque parecen insalvables. La cadena de unos condicionamientos aprendidos se ha vuelto pesada y aparentemente indestructible. Te has identificado con aquello que te oprime y tú mismo(a) saboteas el avance hacia la meta que te has propuesto.

Y vengo yo a preguntarte:

—¿A qué esperas para zafarte de ese yugo? ¿Por qué no mandas al carajo la penosa esclavitud interior en que vives? ¿Hay razones lógicas o sensatas para admitir semejante estado de cosas?

No esperaré a tu respuesta y te diré que únicamente si logras identificar tu cualidad como SER único y valioso, podrás resolver el enigma que te mantiene atrapado(a) en la impotencia.

Por favor, inscribe en tu mente más profunda el lema que te ayudará a despertar:

Soy lo que me gusta. Rechazo nudos o ataduras que me impidan SER lo que SOY y no contará con mi colaboración quien desee apresarme con estrategias perjudiciales.

El acento debe ser puesto en la búsqueda de un equilibrio lógico entre el ajuste social y la satisfacción de hacer lo que hayas decidido por tu cuenta, sin causarle perjuicios a nadie.

Recuerda: una identidad asumida y defendida con vigor, ayuda a seleccionar buenos aliados, unirte a ellos sin confundirte con sus imágenes y evitar a los tramposos, cuya finalidad es aprovecharse de tus descuidos para meterte dolorosas zancadillas.

Tampoco es que te haga falta una legión de amigos para estar bien acompañado. Con dos o tres que compartan tus aspiraciones, gustos y proyectos, tendrás suficiente.

Un adolescente a quien conocí durante mis años de trabajo en asesoramiento juvenil y familias, me regaló una sentencia extraordinaria de la cual me valdré como conclusión a este preámbulo de nuestro curso:

«Mi mejor amigo soy yo. Los demás comparten un honroso segundo lugar».

Creo que no se molestará si te la dejo como obsequio.

Tarea para casa

- Cuando estés desocupado(a), siéntate en una silla cómoda y dedica unos minutos a evaluar los calificativos que te han dado desde que eras niño(a) hasta el presente, incluidos los apodos (cariñosos o no), ya sea por tu aspecto físico o por la forma como te comportas.

- Experimenta las emociones que cada una de esas etiquetas despierta dentro de ti, descarta las que te produzcan displacer y quédate con las que estimes positivas.

- Introduce estas últimas en una batidora imaginaria, añade lo que hayas definido como tu SER más profundo y bebe unas cucharadas del zumo resultante.

No hay respuestas buenas o malas. Tú eres el único juez.

LECCIÓN PRIMERA

Establecer una lista de temas valorados

Después de haber hecho conscientes las pautas que definen tu personalidad, el proceso de entrenamiento asertivo comienza creando un catálogo de prioridades o temas que valoras; pero cuidando de que cada ítem refleje de forma fiel lo que es REALMENTE imprescindible en tu vida.

Damos por descontado que fuera de este inventario quedan las adicciones de cualquier tipo, la programación diaria de la televisión, el asomarte por la ventana para curiosear al vecindario y otros *hobbies* que no te aporten un genuino bienestar.

Te doy un indicio para que orientes tu estudio: las cosas más importantes suelen ser las más sencillas.

Lo ideal es que asientes en primer lugar de la lista aquello que tenga el mayor peso en tu forma de ver la vida, algo tan vital como el aire, un *leitmotiv,* un elemento asociado a tus esquemas de conducta, el cual no vas a desechar así como así y mucho menos a negociar o ceder un centímetro de terreno para que otros traspasen la raya que has trazado.

Seleccionemos al vuelo un tema de esos que parecen caprichosos, pero que son trascendentales para ti, aunque no lo sean para otros: la sinceridad como un valor superior en las personas.

Asumimos que has adoptado esta doctrina, aborreces a los hipócritas y te horroriza la gente embustera.

Sin importar lo que piensen los demás, esa es tu forma de SER y no estás en disposición de aceptar en tu círculo afectivo o social a una persona que falle en cumplir el requisito de una honestidad, comprobable hasta en su modo de masticar pipas.

Con base en la premisa estipulada, ser sincero está en la cima de tus prioridades (partiendo por supuesto, de que tu sinceridad es indudable).

La segunda casilla, la asignaremos a una categoría tan indeclinable como la primera. El buen humor, por ejemplo.

Te encanta la gente risueña, ríes a mandíbula batiente con un chiste oportuno y, en general, tiendes a ver el lado gracioso de la vida. Por tanto, te entiendes de lo mejor con interlocutores que al menos sobrepasen a un cuadrúpedo en su comprensión de bromas y situaciones ligeras.

Muy bien. Apuntas con letras brillantes este ítem en tu listado y de allí en adelante vas derivando el resto de las cláusulas que pondrás en el contrato de admisión que le presentarás a quien aspire a unirse a tu combo de amistades.

Importante es que cada renglón vaya especificado en términos de conductas verificables mediante una observación superficial.

No te fíes de comentarios, ya sean demasiado aduladores o excesivamente críticos que provengan de otros. Usa tus parámetros particulares y pásale un paño limpiador a la lente de aumento que va a recorrer los escaños en que se van a sentar tus invitados.

Una vez que hayas organizado, lijado y pulido tu inventario, lo pegas con chinchetas a la sala de espera que debería haber en tu despacho mental y de allí no lo quitas ni que truene o relampaguee.

Cuando un aspirante a amigo, pareja, asociado o interlocutor en una reunión social pida ser atendido, cordialmente le ofreces asiento y vas en busca de tu lista para incluirla en la conversación de apertura.

A medida que transcurre el intercambio comunicacional, vas cotejando los temas que furtiva o abiertamente intercalas en la charla y evalúas tanto las respuestas de la otra persona como las tuyas. Sobre todo, pon atención a aquellas sensaciones que suben o bajan por tus brazos, piernas, estómago y espalda.

Desnúdate parcialmente, di lo que piensas sobre los tópicos que tengas apuntados en tu lista y comprueba el efecto que causan tus palabras.

Oye, mira y palpa lo que impresione tus sentidos. Cuando creas que has obtenido suficiente información, revisa el test asegurándote de que la puntuación sea justa y mida con exactitud el aspecto que está siendo sometido a indagación.

Puedes también pautar un promedio de estimación favorable. Mi experiencia es que con un 75 por ciento de ítems aprobados se puede admitir a los candidatos y por lo común, a largo plazo la decisión demuestra haber sido correcta.

Eso sí, estos que no llegan al tope de la puntuación tienen que quedar por un tiempo en la antesala, hasta que se compruebe de forma fehaciente que son aptos para integrar tu *staff*.

Una advertencia que no debes descuidar es confiar excesivamente en tu criterio racional. Demasiados artífices del disfraz se cuelan entre los aspirantes y luego nos hacen arrepentir de haberles extendido una mano amable.

Eso de que tienes un «ojo clínico» para la gente es una de las trampas más dramáticas que puedes ponerte tú mismo(a), en especial cuando hablamos de emociones y pulsiones eróticas.

Siempre que me consultan sobre el área de las relaciones humanas en la cual hay mayor número de baches, ojos tapados y fracturas de corazón (por apropiarme una terrible metáfora que escuché en una balada romántica), no dudo en señalar la correspondiente a las relaciones amorosas.

Cada día me convenzo más de que la gente dedica mayor esmero y energía en proveerse con información sobre las características o la comparativa de precios de un vehículo que desean adquirir, que cuando van a ungir a un completo extraño con el título: «Príncipe —princesa— azul que viene a hacerme feliz».

Y no es culpa de los incautos que se dejan arrastrar por la supuesta ceguera de los amores. Una legión de románticos idiotizados marcha por delante, animando una charanga que exalta las bondades de taparse los ojos y dejar que las hormonas hagan su agosto con las cursilerías de los cuentos de hadas, aunque el *vivieron felices y comieron perdices*, se desvanezca en menos de lo que canta un gallo.

Respetando el derecho de cada cual a escoger la soga que le parezca mejor para ahorcarse, me limito a abrir el abanico de alternativas que tienes enfrente:

1. Suscribirte al club de los poetas que cantan loas a la irracionalidad afectiva y besar sapos —y ranas—hasta que se te seque la saliva.

2. Elaborar tu lista de temas valorados y no despegarte de ella, aunque los menos cautos te critiquen.

3. Quedarte en casa, mirando la televisión y rogando porque de un momento a otro baje un ángel del cielo, trayendo en sus brazos el cuerno de la abundancia.

¿Cuál de las tres te gusta más? Yo me decidiría por la segunda, pero claro… no soy tú.

Si lo fuera, mi primera acción sería volverme sordo a las charangas callejeras, echar al cesto de la basura todas las consignas que enaltecen la ceguera del amor y abriría de par en par los globos oculares de la razón.

Ojalá pueda conseguir desviarte de ese cortejo y llevarte a una zona, aun cuando menos poética, más realista.

¿Que me deje de hablar y te explique cómo usar la lista de prioridades? ¡Así me gusta! Entusiasmo ante todo. Veamos:

¿Te han invitado a una cena, para que conozcas a don Fulano o doña Mengana, «una joya hecha carne a la que no puedes darte el lujo de perder»?

¡Hurra!... a la bañera, luego al armario, a sacar el traje de gala, un toque de perfume y allá te vas.

¿Metiste en un bolsillo la lista? ¡Perfecto!.

Llegas al lugar convenido y después de haber ofrecido gentilmente los saludos de rigor a «la joya», echas mano al lápiz bicolor (Rojo y Azul son los colores convencionales para separar lo negativo de lo positivo).

Haces visualmente un recorrido al estilo Robocop (tipo escáner) para evaluar su vestimenta, el aseo, la forma de hablar y, en general, todo aquello que se pueda observar a simple vista. Con esto, ya tendrás el primer registro para apuntarlo en tu tabla.

Si de la inspección inicial no surge un diagnóstico definitivo, estimula una conversación que parezca casual; pero que roce los tópicos que te interesa puntuar y sin fijar una postura personal.

Agudiza los receptores auditivos y el ordenador cerebral para que registres la información que irá al escrutinio definitivo.

Como antes te dije, en esta fase de conocimiento es de gran utilidad sintonizar lo intelectual con lo sensorial. Esto es, palpitar al ritmo de eso que popularmente se designa como, la *vibra*.

La combinación de datos percibidos en el plano real con los que provienen de tus sensaciones corporales, arrojará el veredicto que dirá si «la joya» es genuina o si no es más que una falsificación bien elaborada.

Si el pronóstico de una relación amistosa o amorosa con el personaje en cuestión es positivo, el aspirante califica para una nueva entrevista. En caso contrario, no le valdrá que sea una estrella de cine, un potentado forrado en dinero o el mismísimo Mesías reencarnado, si no aprueba el examen... ¡Hasta la vista, *baby*! ¡Al carajo se va!

No te distraigas con el cuento de que un vistazo pasajero es engañoso y que a la gente hay que darle dos, tres o veinte oportunidades para que salga del cascarón.

¿Por qué habrías de desperdiciar tu hermosa vida, esperando a que un pichón de buena persona rompa la cubierta protectora, cuando existen miles de aves voladoras que hace rato salieron del capullo protector?

Deshazte de la peregrina idea de que la oportunidad la pintan calva. No es tu culpa si la musa de un pintor lo que le trae son pelones de nacimiento.

Oportunidades hay de sobra —y con mucho pelo— para quien las busque o se las cree.

El mundo es un mercado al cual uno no va a tirar el dinero y comprar lo que haya, sino a decidirse por los productos mejor calificados, conociendo el presupuesto con que cuenta y con el firme propósito de no dejarse meter gato por liebre.

Aparta de tu mente la timorata política de la escasez, según la cual debes conformarte con migajas o porquerías, porque quién sabe si tendrás algo para comer mañana.

Hay donde elegir y estás en el derecho de exigir gente de calidad. ¿Por qué conformarte con menos?

Tarea para casa

• Haz un recuento somero de los chascos que te has llevado por confiar en estafadores que llegan a tu puerta ataviados como Reyes Magos y los saqueos a que te has expuesto (o sufrido) por faltarte una buena unidad de evaluación.

• Evita procrastinar (si no conoces el significado de esta palabra, consulta al profesor Google. Tarea adicional) y ponte a elaborar la jerarquía de valores que NO vas a negociar.

• Cuando veas alguna película, proyéctate en la trama para decidir la acción que tomarías en caso de ser uno de los protagonistas. Este es un ejercicio de empatía que parece una banalidad, pero que aporta datos interesantes. Ya lo verás.

LECCIÓN SEGUNDA

Fijar límites

Te he prometido un manual de lecciones fáciles y debo honrar lo prometido. Por tanto, me veo en el predicamento de resumir en forma sencilla lo que es un proceso altamente complicado.

Fijar límites entre el mundo externo y la personalidad que uno desea preservar libre de lesiones es de esas tareas que bien podría caer en la categoría de «hercúleas». Desmontar lo aprendido desde que aterrizaste en un hogar como tantos, con unos parámetros de integración que demandaban tu renuncia a la individualidad, no es poca cosa.

A ver si el duendecillo que se encarga de convertir asuntos duros de roer en bocados digeribles viene en mi auxilio.

¿Por qué nos parece cuesta arriba marcar claramente un círculo de tiza a nuestro alrededor y resguardarnos dentro de él? Fundamentalmente porque casi todos hemos sido criados en la noción de que debemos ser abiertos, espléndidos, simpaticones y cero conflictivos.

Una enseñanza de tal índole, aun cuando pueda partir de buenas intenciones, no obstante ha probado tener algunos problemillas asociados.

El origen de esa creencia radica en el concepto de que el egoísmo es siempre reprensible y signo de una inclinación malvada. He allí la razón por la cual a los niños se les amonesta cuando se rehúsan a prestar sus juguetes o a compartir sus golosinas con los amiguitos.

En la adolescencia se les recrimina el hecho de ser celosos con sus pertenencias o si se enojan cuando los intrusos invaden sus espacios privados.

¿Y cuál es la etiqueta que te ponen de adulto, si es que te niegas en redondo a dejarle el coche a tu cuñado o si te quejas porque la suegra usa tu almohada como cojín antihemorroidal?

Lo peor es que en la prédica fanática contra el egoísmo hay mucho de hipocresía. Quienes la propagan a los cuatro vientos soslayan hechos que desmontarían la palabrería contraria a la individualidad.

¿Acaso no es por razones francamente egoístas que se emprenden hasta las más «espléndidas» campañas de caridad? ¿O es que en el fondo de sus corazones los benefactores no desean ningún tipo de recompensa?

Y no hablemos aquí de las grandes empresas que reciben una disminución de las cargas impositivas por sus gestos de «bondad», sino del transeúnte cualquiera que mete la mano en el bolsillo para depositar una limosna en la mano de un mendigo. ¿Quién puede afirmar sin mentir que le importa tres pepinos el premio que le aguarda en el Cielo o el aplauso de una instancia superior, aun cuando solo sea en su fuero interno?

¡Y está bien que así sea! Benditos sean los actos de desprendimiento y las acciones que conduzcan a favorecer la solidaridad humana;

pero, por favor, no me digan que la satisfacción del Ego no participa en ellas.

El elemento narcisista que todos llevamos dentro está ligado al instinto de supervivencia y de su actividad deriva el plan de autoprotección que nos ayuda a conservar la salud, a gestionar los mejores recursos para prosperar y mantenernos en una sola pieza en un ambiente peligroso.

Reconozcámoslo sin tanto remilgo… **Nos amamos a nosotros mismos más de lo que aparentamos**.

Es lo lógico. «Si no te quieres suficientemente, ¿cómo podrías querer a los demás?», escribió el psicoanalista Erich Fromm en su *Arte de Amar*.

Por vía de este razonamiento —discutible, si se quiere— hemos llegado al eje central de la presente lección: la necesidad de fijar límites precisos entre tu ser personal y el resto de la humanidad.

El temor de aquellos que te advierten contra el egoísmo es que en la medida que aumenta el tamaño de tu Ego, se incremente el riesgo de convertirte en una alimaña chupasangre sin ningún reparo para sacarle las tripas a cualquiera, con tal de satisfacer tu insaciable apetito.

Esto, sin duda, es algo que debes evitar. Un individuoególatra y despiadado que no tiene empacho en maltratar o aprovecharse de sus semejantes, merece ser mandado directo al carajo; pero, por otra parte, ¿cómo se concibe a alguien que no tiene ni pizca de narcisismo?

Si quieres un enfoque más fácilmente memorizable, hagamos una distinción entre lo que podríamos llamar egoísmo «malo» y «bueno». El que acabamos de describir sería el «malo» y el otro, el que nos salva de calamidades, accidentes o enfermedades, vendría a ser el «bueno».

En un plano estrictamente psicológico, el egoísmo bien concebido te aleja de gentuza problemática, de Egos hipertrofiados y de monstruos con dos piernas. Activa señales de alarma que te avisan de la proximidad de invasores o sanguijuelas que vienen con ganas de meterte en su menú. Es tu mecanismo protector y al mismo tiempo el factor garante de que disfrutes de forma plena con lo que hayas decidido como forma de vida.

En pocas palabras, es tu amigo más cercano.

Al fin y al cabo, ¿en compañía de quién vives a cada segundo que marca el reloj? ¿Quién se acuesta contigo cada noche y se despierta cuando abres los ojos? ¿Quién respira por ti, siente tus dolores y sufre más que tú las consecuencias de tus actos y decisiones?

Mientras no causes daños a otros y sepas que muchos de ellos son tan valiosos como tú… ¡vuélvete egoísta!

Incorpora y ejercita tu derecho a decir: ¡Hasta aquí!

No tengas miedo a declarar un estado de excepción en tus predios, coloca barreras permeables entre el ambiente circundante y tu hábitat individual.

Quien ronde por ese espacio que has delineado con intenciones de traspasar la frontera, debe encontrarse con una verja igual a las que resguardan a las instituciones bancarias.

Si se detiene ante ella y solicita permiso para entrar (¡Ojo!, nada de golpes brutales ni gritos desaforados), serás tú quien decida si franquear el acceso o poner las condiciones que creas apropiadas.

¿Que no es tan fácil como lo pinto? Seguro que no lo es. Hemos sido entrenados para ganarnos la deseabilidad social. Tememos al desprecio y ansiamos coincidir con lo que piensen los demás.

Como te dije al principio de la sección, el catálogo familiar que nos aplicaron confunde lo que es una sana autoafirmación[1] con algo que no anda bien en nuestra mente.

A la mayoría se nos ha educado para actuar frente al público y complacer sus peticiones. Durante el proceso de socialización se nos instruyó para ceder a la presión externa, aun si con ello sacrificamos nuestro bienestar.

Es signo de refinamiento el complacer y sonreír como autómatas, aun si no entendemos ni una palabra de lo que nos están diciendo. Si un entrevistador nos interroga en la calle sobre lo que pensamos acerca de un tema específico, en nuestra mente salta otra pregunta: «¿Qué será lo «correcto»? o ¿Cuál respuesta me calificará como «moderno» y libre de prejuicios? No debo olvidar que esto saldrá en televisión y habrá un gentío viéndome».

Nos sentimos culpables cuando reñimos a la suegra porque nos aplastó la almohada y, de paso, la dejó con una cierta pestilencia. Un invitado al que hemos comentado lo caro que nos costó la restauración de la mesa del comedor, quema el borde con un cigarrillo y lo tranquilizamos con un mentido: «No pasa nada. Se paga de nuevo al ebanista».

En fin, que formamos filas para reunirnos con la manada o, de lo contrario, nos exponemos a que nos asesten unos buenos palos en el lomo.

Un jovencito me relató en una ocasión el «pequeño compromiso» o situación embarazosa que tuvo con la familia, por no aceptar el canapé que le ofrecía la dueña de una casa en la que estaban de visita.

---

[1] Definición de la R.A.E.: **1.** f. Seguridad en sí mismo, defensa de la propia personalidad.

—Pues, ¡vuelves a comer! —le increpó el padre, con un gesto que no dejaba dudas sobre las consecuencias a que se arriesgaba por su terquedad.

Desde otro ángulo, la madre le lanzaba una andanada de miradas reprobatorias que lo impulsaban a obedecer.

¿Resultado?, lo esperable. El chico tuvo que tragarse el trozo de pan con ensalada y encima, sonreír a la señora que le ofrecía una ración adicional.

¿Lección de modales o entrenamiento en hipocresía edulcorada con el título de «educación»?

Pues bien, de restricciones aprendidas y luego internalizadas como propias tienes que desprenderte si quieres avanzar en el diseño de una personalidad autónoma y proactiva (para utilizar un vocablo de reciente cuño y que nos sitúa en lo *moderno*).

**Regla de oro: Usar razonablemente tu derecho
a interponer un NO, explicado, flexible y negociable;
pero sin doblegarte a la coerción social,
solo por no ser tildado de malvado egoísta.**

Aprobar transgresiones, balanceando la cabeza arriba y abajo, como esos animalitos de plástico que algunos pegan al salpicadero de sus coches, no te dará mayores satisfacciones.

Prueba a negarte con cortesía, tomando en cuenta formular un mensaje que no hiera a tus interlocutores.

Deja claro cuáles son tus límites con una firmeza amable, pero firmeza al fin.

Niégate a tener la puerta abierta y sin cerrojos. ¿Cuál es el problema?, ¿que otros te califiquen negativamente por bloquear fisgones y aprovechadores? ¡Al carajo con ellos!

¿Cuántos estarán disponibles a la hora de que te quedes en la inopia emocional, solo porque permitiste un asalto descarado a tus más preciados bienes?

Sé gentil, dadivoso o lo que quieras, dentro de tus posibilidades. Ahora, creerte una inagotable pila de agua bendita para el uso indiscriminado de los feligreses, eso sí que es una tontería.

A modo de corolario, te dejo un refrán que usaba mi madre como sabio consejo para sus hijos: «El muerto, cuando encuentra quien lo cargue, se hace pesado».

Tarea para casa

- Ensaya tu NO con personas cercanas y de «carácter fuerte», ante quienes tiendes a ceder casi de inmediato.

- Asegúrate de que sea un NO respetuoso, pero firme y úsalo en situaciones manejables y cotidianas que no involucren decisiones trascendentales.

- Chequea tus sensaciones internas cuando tienes que decir NO. ¿Miedo al rechazo? ¿Obediencia mal entendida? ¿Problemas en la relación a corto o medio plazo?

- Saca conclusiones y planifica nuevos intentos con extraños. A ver cómo te va.

LECCIÓN TERCERA

Ajustar tu sistema de detección de señales

El título de esta lección induce a pensar en radares, sonares y otros accesorios que fabrica la tecnología para sondear el ambiente en prevención de situaciones amenazadoras.

A algunos este lenguaje podrá parecerles altisonante o rebuscado, pero la verdad es que no hallé una mejor representación para enfatizar la importancia de contar con un equipo sofisticado, anticipador del asedio de los necios que pululan en las cercanías.

De todas maneras, no es una representación tan descabellada. Sabido es que los humanos poseemos sistemas de detección de señales, tan eficientes como aquellos que producen los ingenieros electrónicos.

La paradoja reside en que, a pesar de lo bien dotados que estamos, no nos acostumbramos a utilizar nuestro radar sensorial o lo llevamos bastante descalibrado. Así, nos lanzamos a las procelosas aguas del medio social, encomendándonos a los milagros de San Procopio o jugando a la gallina ciega.

¿Secuela? Cientos de golpes, heridas, chichones y pérdidas de energía, a los cuales llamamos, asumiendo una pose solemne: «Lecciones de vida».

¡Al carajo con ese tipo de lecciones! ¿Quién ha dicho que para conseguir el éxito es inevitable salir aporreados, aguantando decepciones y malos tratos para que, pasados unos largos años de padecimientos, nos jactemos de la experiencia acumulada?

¿Para qué demonios le servirá a uno la experiencia, a los 78 años de edad y hecho polvo, por andar improvisando según vengan los acontecimientos?

¿Cuál es la ventaja de bajar las antenas y confiar en los designios de unos arcanos desconocidos?

Si encuentras alguna, por favor no dejes de anotarla al margen y enviármela junto con una foto actualizada de las cicatrices que tengas en tu espalda como resultado de no aplicar la ley coste-beneficio.

Parte de la conducta preventiva que te recomiendo es ajustar tus sensores y desarrollar la habilidad que tienes en el cerebro para captar indicios de que alguien se te acerca con intenciones *non sanctas,* o de que es incompatible con el estilo de vida que has decidido para tu consumo personal.

Tal vez te asombre esta propuesta y repitas la objeción que antepuso una paciente a quien se la recomendé:

—No sé leer la mente ni predecir el futuro —me dijo desconfiada.

—¿Has oído hablar de los presentimientos inconscientes? —respondí.

La facies de estupor que tenía frente a mis ojos se transformó en una similar a la que suscita la palabrería de un hechicero. Fue necesario que me extendiera en una aclaratoria como la que te dejaré a continuación:

No se trata de especular o de que te refugies en estereotipos banales de esos que meten en un mismo saco a todos los que tengan características comunes. La idea es más bien contraria. Se trata de crear un sistema interno de análisis muy particular, el cual te permita anticipar la proximidad de un imbécil que viene a perturbar tu paz.

Pasemos de la distinción entre gente buena y mala, que la hay y hablemos mejor de los «niñotes» (aplicable a ambos géneros).

Estos especímenes son una suerte de chiquillos eternos, crecidos por fuera y a medio cocer por dentro. Se ven adultos, al ojo inexperto le impresionan como tales y engañan a quien esté distraído, contemplando las estrellas o con los sistemas de alerta apagados.

¿Sabes de qué te hablo? Seguramente que sí, porque abundan como la roña.

Si quieres una ampliación de la imagen, te remito a un ejemplar típico de esta categoría: el célebre protagonista de la serie *Chavo del Ocho*[2]. Aquel era un pobre huerfanito que vivía dentro de un tonel, en una vecindad de clase media-baja. El «niñote» en cuestión aparentaba la inocencia de un ángel y se valía de ella para salir airoso, si es que llegaba a encontrarse en aprietos.

Tanto al espectador como a varios de los otros integrantes de la trama su actitud les despertaba una ternura paternal y la risa que

---

[2] Comedia mexicana de los años 70 y 80 del siglo XX, protagonizada por el actor Roberto Gómez Bolaños.

provocaba hacía que todos tendieran a ignorar la malignidad sub-yacente.

¿Era malo el Chavo? No. Creo que más justicia se haría tildándolo de superviviente. Sus artimañas le resultaban eficaces y útiles para compensar carencias cuya responsabilidad no podía achacarse a quienes compartían la vecindad; pero, bien que se las hacía pagar.

El creador de los guiones en esta serie tenía muy claro el papel que desempeña la astucia para obtener, no solo impunidad, sino además una compasión que le garantice repetir las travesuras, sin sanciones por parte de aquellos a quienes agobia.

Y es que, contra los malvados algo tenemos para defendernos. Ya sea dando un rodeo, simulando demencia o combatiendo a brazo partido, siempre sabemos más o menos qué hacer. Hasta la esperanza de que algún día cambien y mejoren su comportamiento (sin afirmar que esto sea aconsejable), puede estar en el repertorio de cómo lidiar con la maldad.

Los inmaduros, en cambio, demandan un tipo de tratamiento para el cual ni tú ni yo hemos sido suficientemente preparados y si encima, nos resistimos a actualizar el equipo de detección, lo que nos aguarda es el calvario.

Una persona que no ha evolucionado lo suficiente como para ponerse en los zapatos ajenos y cuya conducta es comparable a la de un niño de tres años de edad, no te deparará más que estropicios y dolores de cabeza.

El «niñote» (varón o hembra) te hará daño a más y mejor; se subirá a tus hombros para que transportes el pesado fardo de sus caprichos; te hará padecer humillaciones y agobios; se reirá de ti al escuchar tus quejas y si al fin despiertas del letargo y te aprestas a huir de la tortura, te clavará sus ojillos de oveja esquilada para reclamarte el abandono en que lo dejas.

Los inmaduros hacen desastres, ni se enteran de que te perjudican o te causan dolor, te atormentan de mil maneras y tú allí, revestido de santa paciencia, perdonando, porque «En el fondo, es bueno(a)», o «Es que tiene alma de niño(a) y no se da cuenta de lo que causa».

Pues mira lo que te escribo aquí: ¡Basta de autoengaño! ¡Ojo con la realidad! Afina tu sistema de prevención. Los pequeñines crecidos están cerca, merodeando en la penumbra o escudándose en la radiante luz del día, acechando a los desprevenidos que transitan por la vida montados en una nueve rosa.

Pero, volvamos al tema de los presentimientos inconscientes.

Te adelanto que nada tienen que ver con fenómenos paranormales o entidades del más allá. El sustrato inconsciente de tu personalidad es el que percibe cosas situadas fuera del campo de la consciencia.

Investigaciones neurocientíficas han demostrado que existen señales en el comportamiento humano (verbal o no), las cuales traspasan el umbral que uno mantiene activo durante el trajinar cotidiano. Es decir, que el emisor envía un mensaje audible, visible o táctil y el receptor lo recibe con un ruido de fondo que penetra subrepticiamente en el campo de lo inconsciente.

Por otra parte, la victimología —una rama de la criminología—, ha puesto el énfasis en la participación involuntaria (o no) de quien es objeto de una agresión o de un «accidente» que le haya ocurrido.

De acuerdo con sus hallazgos, el afectado se coloca en alguna de las siguientes posiciones vulnerables:

1. Una especie de anulación sensorial, la cual le impide informarse con antelación del peligro que le acecha.

2. Un protagonismo activo en la lesión que está por sufrir.

La primera ocurre cuando tu consciencia se obnubila y pierdes la conexión con los sucesos que te amenazan. Por ejemplo, un súbito patinazo de los neumáticos en una vía mojada que te hace girar bruscamente el volante, sin ver el barranco que se abre a tu derecha.

El segundo es un elemento más preocupante y alude a un tipo de trastorno indetectable, el cual emite una respuesta autolesiva. Como si una parte de ti te odiara y quisiera destruirte.

Mi advertencia entonces, será: **No le quites ojo a tu inconsciente**.

¡Alerta con los enemigos invisibles! No tardes en movilizar tus agentes de defensa y que se ocupen de actualizar el sistema, generando unos potentes «anticuerpos» que hagan su trabajo.

Revisa tu grado de amor propio, resuelve contradicciones culposas que te estén exponiendo a castigos y muévete con fluidez, pero con precaución.

¡Vamos!, ¡aguza esos receptores sensoriales y enciende la linterna que te permitirá descubrir conspiradores internos!

Purificado de impulsos autoagresivos, esmérate en procesar adecuadamente el *input* que impacte tus sentidos y súmales el montón de datos que aporta tu percepción no racional.

Atiende a la información que te envían los órganos de tu cuerpo y no te tapes ojos ni oídos a lo que viene de fuera.

La política del avestruz es igual a cubrir con cinta adhesiva la lucecilla que avisa de un desperfecto en el motor del automóvil.

¡Cierto!, tienes razón. He sustraído la metáfora de un episodio en la serie *Los Simpsons* en que Homer, el lerdo padre de Bart, nos regalara aquella estampa para alertarnos sobre el error de imitar una torpeza como la suya.

Si de verdad deseas librarte a tiempo de malvados e inmaduros nocivos, corre al tablero de instrumentos y focaliza tus retinas en los indicadores que titilan cuando ellos aparecen.

Tampoco es que vayas a sobredimensionar la medida hasta el extremo de los paranoicos que ven enemigos hasta en la sopa. Lo efectivo es recoger los datos obtenidos en la primera impresión y a partir de allí, realizar sucesivas e inmediatas comprobaciones objetivas. La conclusión definitiva saldrá casi por reflejo.

Resumo en tres puntos la receta a la que deberías apegarte.

Fórmulas para sensibilizar el sistema de señales

1. *Aumentar el volumen de la información que te envían tus órganos gastrointestinales*

El nervio vago —el cual recorre la totalidad del tubo digestivo— es un preciso detector de amenazas. Si sientes un mariposeo estomacal, no vinculado a la aparición de un objeto erótico o amoroso, ¡cuidado! Puede tratarse de un virus de dos patas que se aproxima con propósitos inconfesables.

2. Identificar mensajes provenientes de la díada glándulas-músculos

La interacción que se verifica entre el sistema glandular y los músculos del cuerpo, es otra fuente confiable de información. El miedo produce dos tipos de respuestas: Paralización y Huida. La rabia dispara a la adrenalina y esta acelera los latidos del corazón, aprieta puños y mandíbulas, suministrando de paso la energía para una posible acometida. La alegría libera serotonina, produciendo relajación y confort. Finalmente, la tristeza tensa el pecho en opresión y afloja la musculatura abdominal.

3. No descalificar la influencia de las tipologías humanas

Hace unas cuantas décadas un grupo de médicos y psicólogos definió diversos tipos de personas, basándose en las características comunes que las identificaban externamente y adjudicándoles ciertos rasgos de personalidad.

A pesar de que aquella nomenclatura ha sido sustituida por conocimientos más actuales, me produce mayor confianza que las cómicas especulaciones del zodíaco.

La asociación entre imágenes percibidas en diferentes tiempos y espacios es una función natural del cerebro humano. En tu corteza cerebral está un álbum de fotografías que has llenado con las percepciones y vivencias que has tenido hasta hoy.

Úsalo para comparar retratos de individuos que has conocido —o que has visto en alguna parte, con quien ahora surge en tu campo perceptivo. Pregúntate: ¿A quién me recuerda su forma de hablar o de moverse? Aquel y este, ¿son similares solo en apariencia o habrá otro dato que debo examinar?

Puedes seguir interrogándote de este modo, mientras el otro conversa o actúa —teóricamente—, con espontaneidad.

¿Que se trata de un procedimiento viciado de subjetividad? Sí, ¿y qué? ¿No eres un sujeto tú también? ¿Es que acaso existe un ser humano que sea absolutamente objetivo? Entonces, ¿por qué habrías de aspirar a tanto?

No hay información que sea deleznable solo porque provenga de zonas oscuras de la mente. Si lleva contenido interesante, se acepta.

Tarea para casa

- Analiza el protocolo con que te tratas a ti mismo(a) y expulsa de allí, cualquier culpa neurótica o autoagresiva.

- Sintoniza tus percepciones internas con las externas, añadiendo imágenes de personas que hayas conocido en el pasado y realiza el ejercicio de superponerlas a las que tienes en tu presente.

- Establece similitudes y diferencias entre unas y otras.

- Mantén el registro de las sensaciones que aparezcan en tu cuerpo y asígnales una emoción correlativa.

- Apunta los resultados en la lista que te recomendé elaborar en la Lección Primera.

LECCIÓN CUARTA

Desprogramar. ¡Cuidado con la búsqueda de aprobación!

A riesgo de escribir obviedades o reiterar cosas ya sabidas, comenzaré esta lección recordándote que el cerebro es un ordenador de los más sofisticados que se puedan conseguir en la tienda de la Naturaleza.

Su disco duro está diseñado para almacenar programas claros, oscuros, enrevesados o comprensibles, obsoletos o vigentes, pero que no se borran con facilidad y que eventualmente generan conductas que son útiles, o que son como muebles o trastos viejos que uno no se decide a tirar porque tienen un significado afectivo.

Como antes hemos visto, dentro del reservorio de archivos inscritos por la cultura y remachados por la educación hogareña está el ansia por recibir aprobación ajena. Principalmente la familia, alimenta tu procesador con pautas que te ponen a temblar si es que fallas en ser «buenito» y ajustado a las expectativas que tengan de ti.

El desarrollo de la personalidad individual queda así sujeto a los vaivenes de la opinión de quienes te rodean y estás alucinando, si crees que vas a salir incólume de una tentativa independentista.

No digo ya un gesto de reproche como el que suelen enviarle a uno cuando rechaza el ofrecimiento en casa ajena, sino que será el implacable mazo de la culpa o la sanción moral más feroz, lo que se encargará de reacomodarte en el redil de la mansedumbre.

Tú doblas la cerviz y te atragantas con los aplausos de una audiencia que ignora si te aprieta el cinturón o te duelen los juanetes. ¡Todos felices!... Un momento, ¿todos felices?

Si la escena de la sumisión no ha hecho chirriar tus engranajes mentales y crisparte los nervios, tendré que dar un repaso a mis tácticas de resucitación de espíritus adormecidos y consumidores voraces de algo que en Conductismo se conoce con el nombre de Reforzamientos Positivos.

Esto es, recompensas del tipo: «¡Bien, chico(a)!, lo has hecho como me gusta. ¡Eres la pera!... ¡Toma tu premio!»

Los ratones de laboratorio y los animales del circo saben de qué hablo.

Si, por el contrario, te aturde el ruido producido por un nuevo conocimiento que se ha incrustado en tu maquinaria neuronal, no te hará falta mi felicitación. El devenir de los acontecimientos hará su trabajo y más pronto que tarde saldrás de la monótona espiral que gira sin cesar en tu mente.

Por si las moscas, voy a zarandearte un poco más.

A ver, ¿por qué necesitas la aprobación de personas a las que quizá les importe un rábano el esfuerzo que hayas puesto para agradarles? ¿En cuánto valoras tu talento, la inteligencia que posees o los estudios que hayas realizado para que requieran de una rúbrica positiva, expresada en una ovación o un subir y bajar de cejas? ¿En cuál época de tu vida estás? ¿En la escuela primaria, cuando te amilanabas porque la maestra degustaba la manzana que le ofrecían otros alumnos y no la tuya?

¿Has despertado ya? Te apercibiste de tu estatus como individuo y estás harto de mirarte en espejos ajenos. Pues, ¡al carajo con la aprobación adictiva!

Vivir en un estado de autonomía y autodeterminación exige que desprogrames el ordenador mental, elimines los comandos que exhortan a la subordinación y asumas tu rango como individuo libre.

Mi respeto a la templanza que aconsejaban los griegos, me obliga a repetir una sugerencia que te di en la lección precedente: No exageres y te vayas al extremo opuesto. La opinión del entorno, en cierta medida, es importante.

Decorarte la cabeza con fresas silvestres o teñirte de verde las pestañas no te ayudará a modificar en un ápice el *status quo* que aborreces. A lo más, servirá para dejar sentada tu protesta y aguantarte las burlas que te caigan encima, consolándote con el bálsamo cinematográfico de que eres una fiera en eso de la rebeldía.

Y puestos a ver, el monigote estrambótico que se cree un innovador o el prototipo de la originalidad porque lleva una apariencia desaliñada o grotesca, ¿no está en cierto modo atado a lo que quiere desafiar?

¿Cómo podría saber contra qué oponerse, si no conoce el patrón que está de moda o el ambiente al que no quiere pertenecer?

Duélale a quien le duela, la sociedad tiene sus parámetros de evaluación y quien los combata a tontas y locas, más le vale que haya sido tocado por los dioses de la creatividad o la riqueza, para aguantar el ostracismo al que se le confine o las restricciones que se le impongan a gratificaciones sociales de las que otros disfrutan.

Reflexiona por un instante. Verás que, a pesar de los aleluyas que ensalzan el desviacionismo o la anomia, el *qué dirán* afecta en más de una manera tu vida como ser independiente.

En caso de que no quieras vivir como un anacoreta o emprender una rauda involución hacia el autismo, mi consejo es que ofrezcas un aspecto y una conducta que se amolde a la norma, sin que por ello renuncies a ser lo que eres.

De manera que si no tienes los dones sobresalientes de Einstein, Dylan o Lady Gaga, mejor será que te mantengas en el punto medio de la balanza.

Desde luego, lamerle la suela de los zapatos a cuanta criatura se le antoje creerse superior o imprescindible no solo es humillante, sino además poco útil para orientarnos en el rumbo de los ganadores. Pero lucir como si acabáramos de salir del reformatorio o del manicomio tampoco da unas satisfacciones perdurables.

Te doy un dato: muchos de los adictos a la aceptación externa son aquellos que no se aceptan a sí mismos. La autoimagen negativa que les persigue como una sombra, los obliga a chequear constantemente el efecto qué causan en los demás para modular su propio comportamiento.

No ser «moneditas de oro» es algo que les aterra y mueren de consternación si les llega a rozar el filo de la indiferencia.

Necesitan la aprobación unánime como si fuese una droga, porque en el fondo ellos mismos son sus jueces más implacables.

Motivados por el concepto de que son inadecuados o defectuosos, apenas sienten perdido el reconocimiento ajeno, se aporrean sin piedad con pensamientos autoagresivos. Sus actitudes y comportamientos se guían por la sed de recobrar una mirada externa, aunque sea de compasión. Son, por decirlo así, colados a un banquete al que no se les invitó.

¿Te parece horrible este cuadro desolador?

Apresúrate a rociar con insecticida el grillo que te urge a perseguir el beneplácito de tus semejantes. Desarticula cuanto antes la atávica compulsión y suelta amarras hacia un destino más honroso.

Mírate con ojos de adultez. Reconoce tus virtudes y defectos, para aumentar la intensidad de las primeras y trabajar en la reparación de los segundos.

Conviértete en tu principal auditorio. Canta, baila o salta si te provoca y como te provoque. Sacude de tu lado ya sea a los serviles como a los que intentan que te sometas a sus veredictos.

¿Crees haber hecho daño a alguien?, manifiéstale tu pesar por ello y ve si puedes hacer algo por resarcirle.

Si no perjudicas a nadie y tu piel es de un teflón resbaladizo para la crítica malintencionada o para una censura inmerecida… ¡Al carajo la sed de aprobación!

Si complacer a un solo individuo es ya de por sí una labor titánica, imagina lo que será el afán de adaptarte a los gustos y preferencias de todo el mundo.

Créeme, es una pérdida de vida y energías que no devuelve en beneficios la inversión. Lo más probable es que quedes en la ruina física, moral y mental, contemplando cómo aquellos a quienes quieres complacer, recriminan tu pobreza.

El escritor español, Baltasar Gracián lo expuso con gran claridad: *Métense a querer dar gusto a todos, que es imposible, y vienen a disgustar a todos, que es más fácil.*

No puedo estar más en sintonía con usted, don Baltasar.

LECCIÓN QUINTA

Bajar los niveles de tolerancia

S i he finalizado la lección anterior con una cita genial, ¿por qué no arrancar esta con otra frase no menos brillante?

Se atribuye al filósofo y estadista irlandés Edmund Burke, la siguiente afirmación:

**Existe un punto en el cual la tolerancia
deja de ser una virtud.**

¿Cómo te suena?, ¿excesiva?, ¿incorrecta?, ¿censurable?...

Quizá para los cultores de la paciencia franciscana sea una inaceptable herejía. La recia coraza de rinoceronte que les cubre, seguramente esté blindada contra golpes y magulladuras y por ello repudien al bueno de Mr. Burke; pero bajo la óptica de psicólogos que, como yo, han escuchado los tétricos relatos de personas que toleran en exceso, hay una contundente sabiduría en la mencionada frase.

Al que se hace de azúcar se lo comen las hormigas, es el complemento que añadiría mi familia materna.

Piensa por un instante en las dos versiones del mismo tema y decide si te parecen adecuadas para anexarlas a tu recopilación de oraciones asertivas.

Ciertamente, la tolerancia es una virtud meritoria, pero dentro de límites razonables que no se presten a atropellos o transgresiones inaceptables.

Por ser los humanos como somos, el exceso de paciencia suele confundirse con una pasividad monacal o con una dureza resistente a los porrazos y no faltará el boxeador aficionado que vea la oportunidad de entrenarse con un *punching ball* gratuito, que no siente ni padece.

Únicamente aquellos con vocación de mártir y quienes se han anestesiado hasta la médula en su dignidad son capaces de soportar golpizas inclementes sin proferir una queja o cuando menos, alzar una mano para impedir el vapuleo.

La encomienda en esta lección es a rebajar el nivel de tolerancia que has venido manteniendo hasta el momento actual.

¡Bórrate de la cara una sonrisa beatífica que lo permite todo! Quítate el cilicio de la bondad extrema y con un tubo de espuma como los que usan los árbitros de fútbol, marca una raya en el suelo que anuncie: *Non plus ultra* (No más allá).

Una autoestima bien consolidada les dirá a los impertinentes, a las sanguijuelas explotadoras y a los tercos molestosos de oficio, que pueden irse al mismísimo carajo con sus enfermizos deseos de atravesarse en tu camino.

Los hay que se detectan de inmediato y existen así mismo, los más astutos que se mimetizan con el paisaje, pasando desapercibidos hasta que tienes el cuchillo en la garganta.

De estas pestes abominables, las más difíciles de controlar son aquellas que encubren su intención oportunista, amparándose en lo difuso que es el concepto de «solidaridad» humana.

Basados en la laudable premisa de que todos deben ayudar a todos, se arrogan el derecho de irrumpir en tu hogar a cualquier hora, usar tu teléfono, abrir tu nevera, pedir alimentos u objetos «que han olvidado en la compra del mercado», dinero que supuestamente te devolverán con la prontitud del rayo; llegan hasta a acostarse en tu cama a ver la televisión y, si te descuidas, un mal día los encuentras en el lecho con tu consorte justificando su atrevimiento con el pretexto de las necesidades fisiológicas que les genera la soledad del divorciado.

Ellos plantean sus demandas como una ley universal a la cual debes someterte y tú, fiel creyente —siguiendo un inciso oculto en el código de Hammurabí—, cedes y cedes hasta que te derrumbas exánime en un sillón, pero sin cambiar la perniciosa actitud.

Un segundo mecanismo diseñado para hacerte aguantar lo inaguantable, es algo que en Psicología se denomina: **hipoteca emocional**.

La perversa emboscada consiste en que una persona, supuestamente desprendida y solícita, te llena de regalos y atenciones o se desmelena solucionando problemas que a veces, ni siquiera sabes que tienes.

Sin percatarte de la planificación que tiene reservada quien después se convertirá en ejecutor y beneficiario de la hipoteca, no puedes menos que alegrarte y darte por afortunado(a).

—¿Un benefactor pródigo y que no exige nada a cambio? ¡Vaya!... ¡Has acertado el Gordo de Navidad! —dirán tus amigos.

Lo que ignoran ellos y tú es la trampa en que te vas metiendo con cada ayuda que recibes. Lentamente, la araña va tejiendo la red de una deuda intangible e impagable y más temprano que tarde te empezarán a llegar las facturas.

Si el reclamante no es del tipo agresivo, irá dejando sus peticiones en una modalidad sugestiva y delicada:

—¿Sabes?... me apena parecer que vengo a pedir retribución; pero confío en tu maravillosa capacidad comprensiva. Mi situación ha cambiado. Antes podía valerme por mí mismo(a) y hasta ayudar generosamente a los demás. Tú eres testigo de lo mucho que yo colaboraba y arrimaba el hombro a quien lo necesitara. Recuerdas cómo siempre he estado ahí para ti, ¿verdad?

¡Zas!..., allí mismo quedas atrapado en el enredo que forman las dudas, la memoria reciente y remota para evocar cuanto episodio te mencione el cobrador, junto a la premiosa sensación de que pronto tus cuentas bancarias o al patrimonio emocional que hayas acumulado sufrirán un destripamiento.

El recuento de los acontecimientos pasados muestra vestigios vagos de una asistencia que la sanguijuela te dio cuando carecías de un paraguas en una tarde lluviosa. Pero el demandante elevará su actuación a proporciones celestiales y añadirá la apoteosis de aquel día en que te prestó un mechero para que encendieras tu cigarrillo, el coraje valeroso con que te rellenó una copa de vino en la fiesta aquella y el incondicional apoyo moral que te brindó cuando tu loro escapó de su jaula.

—¡Ríndete! —dice el metamensaje que viene en su discurso—. Estás en deuda de gratitud conmigo. Lo único que te queda es agachar la cabeza y pagar con creces lo recibido.

¿Qué hacer para escapar a la horrenda maraña que elaboran los «hipotecarios» emocionales?

La táctica ideal para ahorrarte un fatal estrangulamiento, reside en devolver inmediatamente cualquier favor que hayas recibido y evadirte del lazo de una generosidad pasada de la raya (la del árbitro de fútbol).

Quien actúa sin segundas intenciones, agradecerá la rápida correspondencia.

Al marrullero estafador, por su parte, no tendrá otra alternativa que largarse y explorar detenidamente ver qué nueva presa cae en la sutil patraña.

Una medida protectora contra la *extratolerancia* es sentir que eres un privilegiado en la obligación de rescatar a los desahuciados del mundo.

Los astutos embaucadores poseen un sensible contador para pillar a los redentores obnubilados y se valen de una voz de plañidera para atenazarte con el argumento de que, dado que eres un caudaloso manantial de bondad, no te negarás a echarle un cable a quien yace en el subsuelo de la indefensión.

Si no espabilas, de un momento a otro te encontrarás a merced de unos «dolientes lisiados» a los que les nacerán piernas para salir en volandas, llevando consigo el saco de tus pertenencias y el verdadero tullido serás tú.

—Allá él (ella) con su conciencia. Yo estoy en paz con la mía, porque serví al prójimo —será parte de la perorata con que te reconfortarás, mientras por dentro maldices a la madre que parió al prójimo y al que inventó las obras de caridad.

¿Te ves allí, demacrado, contrito y sintiéndote como un soberano cretino? ¿No? Pues, ¡al carajo con el traje de Batman o la Mujer Maravilla! Sacúdete el sambenito de la compasión a la fuerza y patea el trasero de los falsificadores tan lejos como te sea posible.

Confórmate con ser una persona tan caritativa como San Pablo, quien se quitó su capa para arropar a un pordiosero; pero no se la dio toda, la cortó con su espada y se quedó él con la otra mitad.

Al sabio Pablo de Tarso —al igual que sucede con Carlos I— no le agradaban los climas invernales y con aquel mediano gesto de desprendimiento resolvió el asunto. ¿De dónde has sacado que eres mejor que un egregio miembro del santoral católico?

Mantén tus distancias, cuida tu equilibrio personal y la libertad para decidir si escatimar o no.

¿Que los políticamente correctos te tildan de tacaño(a) o poco inclinado(a) a enrolarte en misiones de salvamento público?

¿Qué le vamos a hacer? A estos no hay quien los gane en plan de criticones o agitadores de estandartes culpabilizantes; pero, ¿ya los mandamos antes al carajo?

Por si acaso… ¡allá van de nuevo!

Tarea para casa

- Revisa el código moral con que has crecido y selecciona aquellos comportamientos bondadosos que se ajusten a tu forma de pensar en la actualidad.

- Borra los lineamientos que te induzcan a tolerar sin medida.

- Rememora situaciones o eventos en los cuales tuviste que ceder en exceso y trata de revivir las sensaciones que quedaron en tu mente.

- Haz el propósito de sensibilizar tu epidermis emocional. ¡Nada de corazas paquidérmicas!

- Fija con clavos de acero el cartelito que te recomendé en la lección: *Non plus ultra*.

LECCIÓN SEXTA

No dejarte intimidar

¿Recuerdas la famosa narración infantil (o la célebre película) *El Mago de Oz*?

Para el tema que abarcará esta lección no nos interesan ni Dorothy ni el león cobarde, ni el hombre de hojalata y mucho menos el espantapájaros, sino el protagonista que da nombre a la obra: El Mago.

Si conoces la trama, sabrás que aquel era un hombrecillo débil y atemorizado, quien se escondía tras un parapeto impresionante de efectos especiales y atribuyéndose poderes sobrenaturales que no poseía, sojuzgaba a toda una comarca.

Viene a cuento el personaje porque existe una práctica corriente, empleada mayormente por algunos padres de familia, profesores, cónyuges, gerentes de empresa y demás autócratas, sobre la cual tengo que prevenirte.

Se trata del procedimiento conocido dentro del campo empresarial, como: **Ganar por intimidación.**

El recurso más socorrido por estos «Magos» es vociferar, aturdir o impresionar a una sola persona o a un grupo, confiados en que el miedo inspirado fuerce a los subalternos a obedecer sin chistar las órdenes que se les impartan.

Aquellos que se rinden ante la autoridad que enarbola el mandamás tienden a cancelar su identidad de seres libres y responder a ella cual sirvientes automatizados.

Como puedes apreciar, la clave reside en que el temor se imponga al análisis racional y controle la conducta de los asustados.

El «Mago» se apodera del trono y se pasa «por el arco de triunfo» las formas éticas, la diplomacia o el más elemental respeto hacia las personas.

¿Por qué he elegido la estampa del Mago de Oz para definir el autoritarismo en cualquiera de sus formas?

Porque la dinámica interna de quien necesita esclavos es similar a la representada en la figura de aquel lamentable tramoyero que pretendía ser adorado como a una deidad.

Los autócratas, así como los talantes atrabiliarios en general, no son tan fuertes como pretenden hacer creer. Una tremenda debilidad emocional es lo que les aqueja y su defensa predilecta es intimidar y gobernar sobre los demás.

Cuando logran hacerse con algún rol que les sitúe en un envidiable plano de superioridad o predominio social, no dudan en ejercerlo con total deleite para ellos y agonías para sus lacayos.

El menor signo de insubordinación o desconocimiento de su poderío, les induce a aplastar al osado contestatario.

Pero, ¿qué sucede cuando aquel que se ha cansado de ser arreado como bestia de carga, desvela la mentira y, emulando a Dorothy, pone en evidencia la estructura que sostiene al autoritario?

En esas circunstancias lo más probable es que se derrumbe la armazón y con ella caiga el endeble maniquí que regía desde su pináculo.

Reunir los arrestos para desafiar a uno de estos pequeños histriones, requiere de una diligente observación a tu arsenal defensivo.

Hagamos algo. Regresa al preámbulo que te dejé en las primeras páginas de este libro y responde una vez más: ¿Quién eres?, ¿un súbdito sin voluntad propia?, ¿una piltrafa sujeta a los voluntarioso vaivenes de un amo temperamental?

Si no te interesa tal reflexión o, si después de interrogarte, no ves otro camino que la resignación a la esclavitud, ¡perfecto! Eres libre hasta para ponerte tú mismo(a) en el potro de los tormentos.

Ojalá el antídoto que he tratado de inocular en tus venas surta un efecto retardado y dentro de unos años te saque del trance hipnótico y puedas plantarles cara a los mandones.

Por el contrario, si tu espíritu orgulloso y valiente decide rebelarse, el paso a seguir es armarte de valor y enfrentarte al «Mago» que te acosa.

Rebusca en tu memoria a ver a quién te recuerda. Es frecuente que quienes han padecido una crianza abusiva, desplacen elementos atemorizantes conservados desde la niñez sobre figuras actuales y reaccionen de forma similar a como lo hacían en aquellos tiempos.

También se establecen asociaciones con personajes históricos o religiosos que se alojaron en tu inconsciente como figuras amenazadoras y que reencarnan con la visión del prepotente hechicero de Oz.

¿Tienes a la obediencia como un patrón de vida, tanto en tu trabajo como en la pareja o en cualquier otro ámbito? Serás pasto sustancioso para los dominadores.

¿Quieres mandarlos al carajo, porque no mereces ser pisado por el miedo?

Mira el almanaque o la portada de los periódicos del día. ¿Qué pone allí? ¿1956?... ¿1972?... ¿2000?... Dime, ¿qué edad tienes hoy? ¿Eres por ventura un mocoso inhibido y tembleque, enfrentado a un invencible Júpiter tonante? ¿De dónde ha sacado el espantajo que te asusta, la idea de que debes estirarte como alfombra a sus pies? ¿Qué riesgo hay en oponerte a sus designios? ¿Y qué hay de malo en respetarse uno mismo y hacerse respetar por jefes, superiores, mandamases o quien sea?

Levanta la frente y habla. Exige respeto y honor.

No hagas silencio cuando sientas vulnerada tu dignidad.

Expón tus alegatos sobre bases sólidas, con entereza pero sin replicar con el modo bilioso que tanto te repugna cuando lo usa tu interlocutor.

¿Qué puede suceder?, ¿que tome represalias?, ¡pues que lo haga! No hay agravio más grande que el que se hace uno mismo al aceptar vejaciones y desprecios.

Asómate a su espacio privado y mira lo pequeño que es.

Los relatos y las biografías de los tiranos más temibles de la historia dan fe del grado de escualidez emocional que llevaban bajo la pechera.

Con salvadas excepciones, casi todos eran pequeñajos aprendices de brujo, deseosos de aclamación y sometidos a vicios morbosos.

Los verdaderos líderes y los seres dotados de una cualidad especial, no apelan al miedo ni necesitan estremecer las paredes con sus gritos.

Por lo común son como esos árboles gigantescos que uno ve al pasar por una carretera. Sobrecogen por su altura, el grosor de su tronco o la inmensa fronda que les adorna; dan una sensación de fortaleza sin igual; pero hasta el momento en que escribo estas líneas, jamás he visto ninguno que intente lanzarle un piñón a un pastor de cabras o lanzarles gritos estridentes a los vehículos que transitan por la autopista.

¡Esa es la fortaleza a la que debes aspirar!

Esmérate en crecer internamente y proyectar tu estatura como sucede con las secuoyas californianas. Créeme, no habrá quien pueda atemorizarte con amenazas estúpidas y lo mejor es la diversión que te producirá derribar monumentos construidos sobre el miedo.

Los enanos emocionales, devueltos a su verdadero rango de renacuajos, suelen huir corriendo en el zigzag típico de los payasos baratos.

Déjalos escapar… tú tienes una vida de qué ocuparte.

Tarea para casa

Única tarea:

- ¡NO TE CALLES! Cuando sientas que tienes algo que decir; algo que sea importante para ti; unas palabras con significado o cualquier cosa que necesites sacarte del pecho, aun cuando el miedo te acose y las amenazas cuelguen sobre tu cabeza como la espada de Damocles... ¡NO TE CALLES!

- Conecta tus emociones con el pensamiento racional y no cometas imprudencias ni te arrebates por la rabia. Usa tu inteligencia y compara los beneficios de la libertad con las ventajas de la sumisión... ¡Y NO TE CALLES! El silencio miedoso es el mejor aliado de los Magos de Oz.

Lección séptima

Evolucionar. Cuidado con las comodidades peligrosas

En lo que llevamos de recorrido he puesto mucho énfasis en la importancia de estar anclado al presente en lugar de pasar el tiempo mirando por el espejo retrovisor.

¿Sabes por qué? Por la sencilla razón de que la fijación a etapas regresivas —por más que los «renacedores» insistan en llevarnos hacia atrás— bloquea el avance hacia estratos superiores de desarrollo y entorpece la autoafirmación individual.

Desde que comencé mi ejercicio profesional he escuchado a decenas de personas quejarse por los vapuleos que les propinan sus parejas o por el hecho de trabajar en unas condiciones insoportables, padeciendo cualquier clase de vejámenes, sin que hagan nada por cesar el tormento respectivo.

Con inusitada frecuencia la respuesta que recibo a la pregunta de por qué no se separan del cónyuge sádico, del novio (o novia) infiel o a qué se debe que no cambien de patrono, es una mueca de asombro, como si les hubiese interrogado sobre el motivo por el cual no asesinan a sus madres:

—¿Qué dices?... ¿Dejarlo? ¿Y tirar al basurero el montón de años que he pasado con mi pareja, (o con la empresa tal o cual)?

Argumentos de esa naturaleza siempre me dejan la sensación de que mi interlocutor compara su vida con una caja de ahorros la cual, eventualmente y a largo plazo, le entregará unos porcentajes de ganancia. Entretanto se conforma con las sobras que caigan del plato o se engaña, tal vez suscribiendo un patético refrán que dice: *Mientras el palo va y viene, la costilla descansa.*

La conmovedora sumatoria del tiempo que ha convivido con un enfermo de celos o que ha malgastado en determinada labor, por dañina, rutinaria o alienante que pueda ser, le pesa a la hora de considerar un abandono de la aparente comodidad en que se encuentra.

Queriendo calmar la ansiedad que obviamente promueve la certeza de ser prisionero de la costumbre, se intoxica con el espejismo de que, si no agita mucho el barco, se salvará del temido naufragio.

—Mejor mala conocida que buena por conocer —rumiaba un hombre en la adultez temprana, quien asistía a mi consulta por orientación sobre cómo actuar después de descubrir varias infidelidades de su mujer—. Sé que me quiere y esto solo ha sido un tropiezo momentáneo.

Los paradigmas que le orientaban en su análisis estaban sustentados por un proceso que en inglés se llama *Wishful thinking* (la atribución de realismo a lo que uno desea que sea verdad o la tenaz justificación de lo que uno quiere creer[3]).

---

[3] Traducción libre de la definición contenida en el *Merriam Webster Dictionary.*

El llamado *pensamiento positivo* le encendía las pupilas con una vana esperanza y daba alas a la negación de una realidad que, de haberla confrontado, le habría exigido asumir una postura decisiva.

Esta es solamente una estrategia de las tantas que incapacitan a los negadores para ejercer sus derechos o liberarse de estorbos.

Ofrezco mis disculpas a los encandilados por el sol radiante de las vanas ilusiones; pero ni el Universo está pendiente de cada minúsculo ser que habita en su amplísima extensión, ni la gente cambia si no se ve en la absoluta necesidad de hacerlo.

Una pareja hostil, desapegada, castigadora o indiferente; un jefe inhumano; un vecindario inadecuado o un trabajo explotador, no va a sufrir modificación alguna solo porque invoques a Saturno o a la Ley de la Atracción.

La traba más grande que existe para el cambio es que ¡tú estás en el reverso de la medalla! Eres el 50 por ciento de la dinámica que te maltrata.

Dime, ¿qué motivación tendría un hombre agresivo, mujeriego, borracho (o todo eso a la vez) para volverse responsable y cariñoso con la mártir que tiene en casa, si ella está convencida de que no hay nada que hacer, sino seguir encadenada hasta celebrar las bodas de platino y más allá?

Y trasladándonos al campo laboral, ¿qué motivación tendría el jefe explotador y abusivo para tratar de forma considerada a un laborioso empleado, aturdido por la peregrina idea de que el tiempo es el gran sanador?

Mientras la persona afectada prefiera la comodidad en que cree vivir al riesgo implicado en deshacerse de molestias, no habrá planeta, astro o ley universal con poder suficiente para entrometerse.

Preciso sería que el «reverso de la medalla» evolucionara y pulsara las palancas activadoras de la dignidad, oxidadas de tanto acostumbramiento a una sola posición: la de comparsa sumisa.

Cuando hablo de evolución, me refiero a establecer una diferencia entre períodos históricos. Esto es, dibujar en tu mente un esquema de temporalidad que trace la perspectiva entre el ayer y el hoy.

¿Te has detenido a pensar en las condiciones que te llevaron a unirte a tu pareja actual? Pueden no ser las mismas de hace unos años atrás. A menos que sufras de un grave trastorno de personalidad, es muy improbable que te hayas enamorado de un esbirro maltratador o de una zafia que te iba a traicionar apenas te dieras media vuelta.

Cuando entraste a trabajar en la empresa donde has vegetado hasta ahora, quizá eras una persona joven e inexperta que se alegró porque le abrían las puertas del campo laboral. Pero ¿no has ido progresando? ¿No has subido algún escalón en tu campo profesional? ¿Eres acreedor a premios o a rechiflas por parte de tus superiores?

¿Te agradaría un cambio de área y darle la bienvenida a la promoción que tanto has deseado?

En resumen: ¿Qué es mejor? ¿Avanzar hacia un plano más gratificante o te quedarás cómodamente arrellanado(a) en el confortable sillón de una rutina perjudicial, pero que ya se ha vuelto costumbre?

Desde luego, tienes el legítimo derecho de mandarme a mí al carajo por el espoleo que le he venido dando a tus dispositivos de movilidad emocional y no cambiar el rumbo que has elegido.

Eso sí, conviene que te abstengas de lamentaciones y lloriqueos. Dile al mundo que eres feliz en tu absoluta y fresca comodidad.

¿Que encierra sus peligros? Evidentemente, ¿cuántos mullidos sofás están inmunes al ataque de polillas? ¡Allá los aventureros!... Tú, a lo tuyo. A descansar, lejos de las tribulaciones que padecen quienes intentan cambiarse la casaca y ser distintos.

Ojalá te vaya bien.

No obstante, en el supuesto de que mi alocución haya sido útil para sacarte de la anestesia y sientas que tus posaderas no aguantan un latigazo más... ¡acaba con la tortura!

Toma un lapso muy corto de meditación sobre el asunto que te problematiza, rompe con la prudencia de los mártires y ¡al carajo el confort peligroso!

Basta de añadir años a los que ya has desperdiciado y arrójate desde un trampolín de orgullo personal, al tibio océano de la libertad.

Erguirte frente a la realidad palpable, con la convicción de que mereces lo bueno que te pueda acontecer, es la llave de salida al laberinto.

Adoptar una visión horizontal de la realidad, aun cuando no sea la más cómoda, hará sentirte en una situación frente a dos resultados igualmente positivos:

1. Que aquel individuo que causa tu malestar opte por una modificación de su dañina conducta. Así, ganarías al economizarte

un drama y aliviar tus tensiones internas por recibir el trato digno que mereces.

2. Que la actitud del otro sea inmodificable; pero tú te has puesto de pie y estás dispuesto(a) a lo que venga, con tal de estar en paz contigo mismo(a).

Si es un superior o un ambiente laboral lo que te oprime, reflexiona con gran detenimiento y elabora planes B, C, D o los que haga falta. Como están las cosas no cometeré el desatino de enviarte a agigantar las filas del desempleo. En la siguiente lección hallarás una estrategia, no solo eficiente sino divertida para manejarte en esos ámbitos.

Mientras llegas a ella, dale otro repaso al tema de la comodidad peligrosa.

«Estás muy viejo para la gracia», alegarán los conservadores cuando les cuentes tu propósito de evolución.

¿Sí?, pues no era eso lo que sostenía un hombre de 77 años a quien conocí en una excursión campestre. Conversando después que le vi descender al trote de una colina más o menos empinada, me dijo:

—Hay quienes ven la vida como un embudo con la parte ancha hacia ellos. Yo la miro al revés. A medida que avanzo en edad miro una ruta que se va ensanchando y no estrechándose. Trabajé duro en mi juventud y no tenía el tiempo para dedicarlo a este tipo de actividades. El verano pasado estuve en un equipo de submarinismo y ya me apunté a uno de ciclismo. ¡*Carpe Diem*[4], hijo, que queda poco!

---

[4] RAE: 1. m. Exhortación a aprovechar el presente ante la constancia de la fugacidad del tiempo.

¿Conclusión?... ¡Al carajo los sillones hediondos a moho y los predicadores del «no-se-puede»!

Tarea para casa

- Busca en tus cajones mentales imágenes de cuando estabas en el noviazgo con la persona que actualmente es tu pareja y compara cómo eran entonces y cómo son ahora.

- Haz un recuento de lo vivido en tu plano profesional, desde que entraste a trabajar en lo que te desempeñas hoy en día y evalúa tu grado de bienestar.

- Intenta cambiar pequeños detalles en cualquiera de los ambientes a los que te has habituado.

- Con base en los resultados que obtengas, decide si vale la pena intentar algo o si prefieres seguir como estás. Es tu derecho.

Mantener la elegancia

La doctora Lya Imber de Coronil, quien se desempeñara como Jefe de Servicio en el hospital donde trabajé durante varios años, era una mujer culta y de grandes méritos académicos. Su voz comunicaba la calidez de una madre y un frescor de primavera se intuía en la forma en la que administraba y dirigía el departamento encargado de atender a niños y adolescentes.

Su talante sosegado y la agudeza de sus razonamientos se ponían de manifiesto en situaciones que requerían de una intervención definitiva; pero resultaban más admirables cuando el personal a su cargo acudía a ella con peticiones o reclamos insignificantes o extemporáneos.

Al escuchar quejas o peticiones no correspondientes a su nivel jerárquico, tales como la falta de papel higiénico en el retrete o la bombilla quemada en una de las dependencias, solía responder usando una técnica digna de un curso de comunicación eficaz y efectividad para que nada se detuviera.

—Caramba, qué interesante. ¿Por qué no hace usted un viajecito a Francia? Es muy hermosa en esta época del año. Sería bueno que se diera un paseo por allá. Al regreso, hablaremos de lo que quiera.

Está de más decir que la perplejidad generada por tan insólita e inesperada sugerencia, dejaba al intruso sin habla.

Con la misma serenidad que había en su hablar, se levantaba del asiento, ponía una mano en el hombro del visitante y lo conducía parsimoniosamente hasta la salida de su despacho, donde lo despedía.

Quienes éramos testigos de aquel despliegue de cortesía, comentábamos posteriormente lo eficaz que resultaba como filtro a mensajes irrelevantes o fastidiosos.

Sin vociferaciones o faltas de respeto o consideración de ninguna clase, la refinada señora lograba que el personal se atuviera a los canales regulares y recurriera a su mediación únicamente para atender asuntos de su estricta competencia.

Durante una fiesta de cumpleaños que se celebraba en el departamento, una de mis colegas quiso averiguar el sentido de la incomprensible solicitud de viajar a Francia, cuando lo que se le planteaba era un tema doméstico y relativamente trivial.

La sagaz pediatra sonrió diagonalmente, antes de revelar su secreto:

—Es una forma elegante de mandar a la gente al carajo.

Unas risas de complicidad acompañaron la explicación y su impacto se diluyó con rapidez en el barullo del festejo. No obstante, en mis circunvoluciones cerebrales el dato se alojó cual virus informático y me propuse ensayar la técnica, a ver si era capaz de reproducirla con igual destreza.

Haciendo las adaptaciones requeridas por la diferencia de carácter que había entre la doctora Imber y un bisoño psicólogo como yo, decidí aplicarla a un imbécil que no cesaba de interrumpir mis sesiones de trabajo con pretextos diversos.

Una mañana en que me hallaba en el consultorio entrevistando a un paciente, el impertinente asomó su nariz.

—De momento estoy ocupado —le dije en un susurro—, pero si pasas por la cafetería, cómprate un sándwich de jamón. Están buenísimos.

Acto seguido, lo tomé por los hombros y lo orienté hacia el pasillo.

El rostro de babuino estupefacto que le vi al retirarse silencioso y confundido, es de una grata reminiscencia en el expediente que he venido engrosando desde aquella lejana fecha.

Ignoro si aquel atarantado pasó por la cafetería o si se comió el bocadillo. El hecho de que no se acercara nunca más a importunarme en horas de consulta, confirmó que la estrategia era muy eficaz.

No hay duda, formulación del mensaje para causar estupor y dosis masivas de gracia en la conducta, son sustitutos fenomenales de la violencia o el descontrol de temperamento.

Mantener la elegancia y corregir el defecto de la impulsividad te da un margen inesperado de maniobrabilidad que no se consigue siendo agresivo.

Sirva este complemento para diferenciar un acto hostil de una conducta asertiva.

Utilizar la palabra *carajo* en un compendio que trata de enseñarte a mandar a la gente impertinente hacia ese frío lugar, induce a pensar en un acto impetuoso o grosero.

La contundencia del castizo vocablo ha sustentado la creencia de que los violentos o quienes despotrican como locos, son modelos a imitar.

Una representación almacenada en nuestro inconsciente colectivo, probablemente sea el origen del error que asimila el gesto de quitarse de encima a una alimaña, al de repartir bofetadas a diestra y siniestra.

En los tiempos cuando carabelas y galeones surcaban los mares, ya fuera en plan de comercio o piratería se castigaba al marinero que desafiaba a la autoridad, enviándolo como centinela a una estrecha canasta ubicada en el palo mayor, denominada: el carajo.

Allí el sancionado se congelaba por las noches, durante el día se achicharraba por los rayos de un flamígero sol tropical y vomitaba hasta la bilis con el rolido (movimiento de oscilación) que producía el azote de las olas sobre los flancos de la nave[5].

Dado que la pena era decretada por un rudo capitán de galera, lo imaginable es que la misma estuviera saturada de blasfemias y aspavientos coléricos.

Desgraciadamente para los sanguinarios que han cogido este libro es sus manos con la intención de reafirmarse en el griterío y seguir colgando piezas de colección en su armario de cabezas disecadas, aquí no vamos a refrendar los estilos de Barbarroja y Sandokán.

Mandar al carajo a la persona que nos estorba o al hábito que nos impide prosperar, zapateando o manoteando como quien es presa de

---

[5] En algunos países latinoamericanos se dice que alguien es, o tiene una fortaleza, «del carajo», porque ha salido indemne de vicisitudes que a otros los habrían destruido.

un ataque epiléptico —aun cuando a veces sea inevitable—, no es de por sí una modalidad encomiable.

Como te lo expuse en la lección sobre los «Magos de Oz», la conducta desordenada o belicosa da más lugar a complicaciones que a resoluciones de conflictos.

Dicho esto, sugiero que desactives tus furores de Rambo o Xena, la princesa guerrera y vengas conmigo a visualizar uno de los muchos inconvenientes que puede acarrear la violencia.

Especulemos que quien te hostiga es un redomado masoquista. Cada puntapié que le propinas es fuente de un placer inconmensurable. Cada insulto o agravio al que le sometes, despierta en él (ella) frenéticos impulsos a regresar en procura de más aporreos.

Una vieja serie de dibujos animados llamada *La Gata Loca* tenía como estrella del programa a la representante clásica de lo que es un masoquismo incurable.

La pobre felina estaba enamorada de un ratón (Ignacio), quien, por «quítame allá estas pajas», no dudaba en acomodarle un ladrillazo.

Era de esperarse que los chichones resultantes de la permanente agresión, convencieran a la febril gatuna de apartarse del maligno roedor; ¡pero, no! Ella se mantenía en su afán por seguirle a donde fuese y el maltrato se repetía una y otra vez a lo largo de los cómicos episodios.

Y pregunto: ¿Qué te gustaría más? ¿Vivir atado a una Gata Loca a la que no le bastan tus ladrillazos para irse al carajo o eliges el estilo moderado de doña Imber de Coronil?

Ve deliberando, mientras te dibujo otra posibilidad contraproducente.

Imagina un adversario distinto, uno que no goza con el maltrato, sino que es pícaro y ha planificado escrupulosamente la trampa que te va a tender.

Cierto día, en medio de una reunión ejecutiva, pulsa los botones que de antemano sabe que excitarán tu ira y de acuerdo al libreto que te ha metido de contrabando, reaccionas increpándole:

—¡Anda al carajo, so cabrón! (Con perdón por la palabrota, pero es así como habla quien se ha convertido en un energúmeno).

Y responde tu contrincante:

—Lo siento, no creí que te fueras a poner así. Era un comentario inocente.

—¡Inocente, mis c...! —clamas de nuevo, lanzando fuego por los ojos.

—Oye... cálmate que te va a dar un soponcio. ¡Dios mío!, tienes que controlar ese mal humor —es el broche de oro con que cierra el manipulador.

¿Consecuencia? Tu glorioso galeón, hundiéndose y tú naufragando en un oleaje de miradas reprobatorias que te dirige la concurrencia.

La batalla finaliza con el saldo de un memo injustamente victorioso y un ofuscado agresor candidato a camisa de fuerza.

¿Qué tal? ¿No he logrado hacerte deponer las armas de la violencia y continúas suscribiendo el lema de Calígula: *No me importa que me odien con tal de que me teman*? Allá tú. Mi deber será insinuarte que vayas unas páginas atrás y repases las desventajas de granjearte una mala fama.

Quizá vapulear al miserable de la oficina satisfaga tus instintos criminales o drene la tensión iracunda que su actuación te haya causado. No obstante, la opinión generalizada entre quienes presenciaron el combate será que él ganó y tú perdiste… los estribos y el combate.

Eso, si la directiva no te despide por alborotador o el grupo de trabajo no desacredita cualquier iniciativa de asertividad que intentes demostrar más adelante, calificándola como otra pataleta de niño malcriado.

Piénsalo, la elegancia no es nada más un adorno.

Es una cualidad que te define ante la gente y si la incorporas como un rasgo estable en tu conducta, la popularidad consiguiente pondrá 10 puntos de ventaja a tu favor siempre que debas subirte a un ring de lucha libre.

Tutorial para reforzar el hábito de ser elegante:

1. Aproxímate al estudio del personaje o el evento definido como estorboso con la mente desocupada de emociones exacerbadas.

2. Asegúrate de no ser una persona severamente neurótica y que las razones para aborrecer a ciertas otras no sean derivadas de una rabia patológicamente contenida, una fobia social o algún trastorno emocional inespecífico.

3. Luego de este escrutinio y si hay evidencias claras de que el candidato ha cumplido con los requisitos para hacerle compañía a don Rodrigo de Triana (un «hombre del carajo») en su canasto, sigue al próximo paso.

4. Respira hondo, contacta con tu cólera y bájale la intensidad, transformándola en un tipo de vocabulario equivalente a los actos que desearías perpetrar. La palabra cargada de emoción puede ser un martillo, una espada, una soga o un cañón, según sea el tamaño de tu fantasía agresiva

5. Escoge el ángulo más propicio, afina tu puntería y ejecuta al malhechor.

6. Reserva en tu memoria el episodio imaginario. Se activará automáticamente al percibir la cercanía del depredador.

El maravilloso recurso de la ironía

Al famoso Dr. House, interpretado por el actor y músico Hugh Laurie, se le conoce un número de frases sarcásticas y una filosofía irónica que, a pesar de su crudeza brutal, rebosan inteligencia.

Traigo a colación este curioso ejemplar televisivo, como argumento que contradice a los «políticamente correctos» enemigos declarados del sarcasmo, al cual califican de arma utilizada por los débiles o los escasos de seso.

Mi concepción es que están equivocados medio a medio y Dr. House es una muestra de ello.

Usando el léxico de la medicina, saquemos una pequeña biopsia de un capítulo de su exitosa serie:

(House, «animando» a un paciente paralítico): *La vida es un asco y la suya es peor que otras. Aunque las hay peores, lo que también es deprimente.*

(Otro episodio) *El concepto que tiene usted sobre mí no va a cambiar quien soy, pero sí puede cambiar mi concepto sobre usted.*

(Y uno más) *Resulta que tus opiniones no dan buenos resultados, mejor usa las mías.*

¿Te suenan estas líneas a debilidad o limitación intelectual?

¡Alto!, no respondas. Déjame confiar en tu negativa.

Groucho Marx es otro monstruo de las apostillas ingeniosas. Creo innecesario apuntar aquí algunas de ellas, por no caer en la tentación de copiar y pegar hasta convertir este manual en un voluminoso tratado sobre el maravilloso uso de la ironía, cuando es requerido mandar a alguien al carajo con elegancia.

Un dato a tener en cuenta es que refines tu estilo para no trastabillar en el proceso y quedar en ridículo. Entrénate en usar la palabra con delicadeza y de ser posible, causando perplejidad en tu oponente, con lo cual dejas al otro en pausa e imposibilitado para romperte el alma de un puñetazo, por lo menos durante los segundos que aprovecharás para alejarte silbando, *Don´t worry be happy.*

Recuerda: la ironía es como la hoja de un afilado bisturí que corta superficialmente, sin la agitación y el detestable sangramiento, común en las batallas campales.

Los expertos aconsejan que antes de utilizar un instrumento tan especializado, hagas un examen de tu léxico y el grado de maestría que tengas en la comprensión de significados verbales.

La sátira en boca de alguien carente de elaboración lingüística, suele ser tosca y fácilmente rebatible. Solo si estás seguro(a) al cien por cien de que eres una persona hábil en el manejo del verbo y competente en darle vueltas de carnero a sinónimos, antónimos y demás construcciones lingüísticas, lánzate al ruedo con tu escalpelo muy afilado.

Cabe la posibilidad de que en tu examen descubras que tienes una mente privilegiada y un dominio supremo de la palabra, pero con una producción más bien escasa de giros acrobáticos en tu hablar o escribir.

Esto puede deberse no a la falta de repertorio o a una educación deficiente, sino a una autocrítica feroz que coarta tu desempeño en el uso del lenguaje asertivo.

Aun cuando sé que las bases fundacionales de la personalidad no son movibles nada más con la lectura de un manual, de todos modos, haz una breve parada y manda al carajo los condicionamientos aprendidos. Repite como un mantra: ¡Sí puedo! ¡Sí puedo!... ¡Sí puedo!

¿Ya? Muy bien. Asumiremos que has saltado la verja restrictiva y estás listo(a) para unirte a la tropilla de D´Artagnan y sus tres mosqueteros.

En el cargo de entrenador estará el más grande estilista de la ironía que haya existido: el celebérrimo escritor y dramaturgo, ¡míster Oscar Wilde! Pasemos revista a una de las múltiples leyendas que matizan su fascinante biografía.

Estando en plan de reo por su homosexualidad, una mañana lluviosa lo dejaron a la intemperie, recostado contra una muralla exterior de la prisión a la espera del carromato que lo trasladaría a los tribunales. La lluvia era torrencial y a pesar de que Wilde se pegaba lo más que podía al muro, igual se empapaba la ropa y tiritaba de frío.

Un guardia de esos cuyo sadismo se exacerba cuando se le encomienda la vigilancia de un prisionero indefenso, le espetó entre suspicaz y burlón:

—¿Qué?... ¿tienes alguna queja?

Don Oscar contestó con la agilidad que poseía en su lengua viperina:

—Diga a la reina que si es así como trata a todos sus prisioneros, no merece tener ninguno.

¡Bravo! ¿No te ha parecido sensacional?

Variando el significado de «tener prisioneros» y «merecerlos» (como si fuese una gracia que se le concedía a la reina), mandaba simultáneamente al carajo tanto al guardia como a la potestad de la corona británica para enjuiciarlo.

Igual que esta, hay unas cuantas anécdotas *Wildeanas* en las que puedes recrearte admirando cómo lo genial ayuda a superar hasta las circunstancias más adversas.

Diógenes de Sinope es otro al que hay que rendirle los honores en eso de dejar estupefactos y de una pieza a sus enemigos.

Se cuenta que el excéntrico filósofo griego fue apresado por unos traficantes de esclavos. Encadenado y agrupado con los demás que iban a ser vendidos en un puerto del Mediterráneo, se le preguntó qué sabía hacer, para anunciarlo a su eventual comprador.

—Solo sé mandar. Véndeme a quien necesite un amo —fue su contestación inmediata.

Claro está, que el promedio de los mortales ni en sueños alcanzaremos tan elevadas cotas de acidez y, dado que tal vez nunca tengamos que vérnoslas en los tormentos que tuvieron que soportar Diógenes y Wilde, nos conformaremos con practicar algunas calistenias de gimnasia lingüística en el apacible hogar que habitamos.

No lo olvides, la ironía bien manejada es un rasgo de inteligencia. Siempre será más efectiva para mandar a la gente al carajo que la aparatosidad del boxeo callejero o el alboroto de la vulgaridad.

Al cierre de esta lección te dejo la recomendación de leer algunos fragmentos de las vidas de Woody Allen, Jacinto Benavente, Francisco de Quevedo, George Bernard Shaw y Winston Churchill, entre los más destacados.

No quiero despedirme sin aportarte otro ejemplo tomado de estos últimos esgrimistas.

Shaw estrenaba una de sus obras y, a sabiendas de la enemistad que le unía a Churchill, le envió dos entradas para la premier.

Junto con ellas iba una tarjeta que ponía:

—Le mando estas entradas para que venga con un amigo suyo (si es que tiene alguno).

A lo que el ladino primer ministro inglés respondió:

—Imposible asistir. Iré a la segunda función (si es que hay alguna).

¡Ovación de pie para Mr. C!

Investiga en la red para que te diviertas un montón y de paso rellenes tu carcaj con flechas venenosas como estas.

Me lo agradecerás.

Tarea para casa

- En un momento de relax sube el telón de tu mente y en la pantalla que aparezca proyecta una escena del pasado, lejano o reciente, en la cual te ha provocado descuartizar a un adversario que se solazaba en su empeño por mortificarte.

- Aflojando las garras que se te han crispado y convirtiéndolas en las delicadas pinzas de un neurocirujano, mírate empuñando el arma filosa de tu ironía.

- Analiza cada etapa de la interacción para señalar los datos que te exaltaron. ¿Fue el tono con que te hablaba?, ¿su actitud desafiante?, ¿la mofa de que quería hacerte objeto?

- Cámara lenta ahora y desvía el rumbo de tu actuación hacia una pose menos agresiva. Concentra tu atención en Oscar y su distinción de *dandy* victoriano. Trata de sonar calmo y distante. Elige tus palabras y organiza el discurso en torno a un único plan, volver trizas al contrincante y que quede mudo.

- Si eres prolijo en la operación quirúrgica, en cosa de segundos le verás desplomarse como una marioneta a la cual le han cortado los hilos y podrás largarte tan campante a compartir gratos momentos con la gente que vale de verdad.

Ignorar lo inútil y reír de «lo serio»

A nosotros los inmortales no nos gusta que se nos tome en serio,
nos gusta la broma.

Hermann Hesse, *El lobo estepario.*

Tal vez te sorprenda toparte así de improviso con un título estrafalario como el que se me ha ocurrido para esta lección.

Mi justificativo es que no hay otra manera más sutil o menos abrupta de atacar con bríos el fortín de los conservadores y charlatanes que pululan por todos lados.

Disculpa si te ha desajustado un poco, pero tal vez la cita de don Hermann que he utilizado al comienzo del capítulo te vuelva a centrar en lo importante.

¿Lo importante? Ante todo, tener una clara definición de «lo inútil» y después, diferenciar lo serio de lo hilarante, para alcanzar la inmortalidad… (No me creas, acabo de copiar a Hesse).

Vamos a ver qué nos dice el *Diccionario de la Lengua española,* de la Real Academia sobre el primer punto:

Inútil: Del lat. *inutĭlis.*

1. adj. No útil. Apl. a pers., u. t. c. s.

2. adj. Dicho de una persona: Que no puede trabajar o moverse por impedimento físico. U. t. c. s.

3. adj. Dicho de una persona: Que no es apta para el servicio militar. U. t. c. s.[6]

A vuelo de pájaro es fácil deducir que ni la segunda ni la tercera acepción aportan nada provechoso para lo que hemos venido elaborando.

Convendrás conmigo en que sería de una desconsideración suprema ignorar a una persona que no está en condiciones físicas de trabajar y evidentemente tampoco se justifica desconocer a alguien solo porque las fuerzas armadas estiman que no posee las aptitudes requeridas para alistarse.

Nos quedaremos entonces con la primera y más escueta de las definiciones que se asientan en el diccionario oficial: «No útil». Es decir, algo inservible.

Para lo que nos interesa, es bueno saber que la inutilidad tiene dos extremos de los cuales debes apartarte:

1. El delirio persecutorio de que habitas en una jungla plagada de fieras hambrientas.

2. Tú eres tan vulnerable como un venadito lechal.

La paranoia preventiva es el signo cardinal de unos padres neuróticos.

---

[6] *Diccionario de la lengua española* | Edición del Tricentenario. http://dle.rae.es/?id=M1HoNHK

Con vehemencia de catequistas, alertan a sus hijos para que no se ensucien con la arena de la playa; gritan como enajenados si los ven escalar un peldaño de 25 centímetros de altura; les arropan con tres abrigos y dos bufandas, porque la temperatura ha bajado a los 16 grados y si no les recluyen en una burbuja de vidrio antiséptica, es porque esos artilugios son muy costosos y pesados para el transporte.

Cuando no es la familia la que encierra a sus crías en el círculo de la vacilación o el exceso de precauciones, es la cultura popular con su cartapacio de consejas tradicionales.

Aforismos y proverbios conservadores, repiten hasta el cansancio: «Más vale pájaro en mano…», «En boca cerrada no entran moscas», «Quien todo lo quiere, todo lo pierde», y otras fórmulas absurdas que nadie sabe de dónde han salido, pero que están ahí, repitiéndose hasta el infinito como un eco en el Gran Cañón.

En el otro polo de lo inútil están los *hippies* y otros profetas de la «sabiduría universal» que viven flotando en una nube color rosa, desde dónde derraman flores sobre el árido suelo de la realidad.

A estos santones (algunos no lo son tanto) debe acariciarles siempre una brisa fresca empapada en almíbar y quizá un manto virginal arrope sus sueños, para que cada mañana se levanten del lecho a difundir plegarias en las redes sociales o animarnos a ver «el lado bueno de las cosas».

Te juro que no tendría la más mínima objeción a tales iniciativas, si los sumos pontífices de las maravillas universales tuvieran la delicadeza de no intentar manipularnos culposamente.

¿Has saltado de tu asiento? ¿Te parece hiperbólico que señale un elemento de culpa entremezclado con unos cándidos y angelicales mensajillos? Piensa de nuevo y dime, ¿cómo te sientes después de soportar un tráfico de los mil demonios, llegar a casa molido por el cansancio, maldecir a la fulana caldera que no calienta el agua para ducharte, renegar del rugiente perro del vecino que no te deja descansar y al encender el televisor, enterarte de que cien refugiados se ahogaron tratando de llegar a la costa?

¿Culpable porque te estás quejando de menudencias, cuando hay gente verdaderamente desventurada pasando las de Caín?

Pues, igual sucede con las tonadillas de la felicidad decretada y el buen talante frente a lo que venga.

Si tienes motivos reales para estar de mal genio o si estás triste porque tu hermana ha adelgazado tres kilos cuando tú has engordado diez, el garrote inclemente de la mensajería universal hará lo que esté a su alcance para arruinarte más el día.

Y, ¡por supuesto!, ni fantasees con mandar a nadie al carajo. Un regodeo en ensoñaciones al respecto haría que desde el púlpito de las bienaventuranzas te envíen unos meneos de nuca que te reducirían a la condición de un gusano rastrero.

Lo mejor es lo que sucede; No hay mal que por bien no venga; Al mal tiempo buena cara; El tiempo de Dios es perfecto; Cuenta tus bendiciones; Todo tiene su razón; El Universo conspira… ¿A qué te suenan esas frases? ¿A consejos útiles para resolver un problema? ¿Sí?, te felicito de todo corazón. Eres un alma noble, bendecida por las hadas del Paraíso.

¿No?, entonces coge el fárrago de la inutilidad y devuélveselo a los fabricantes, con tus parabienes por el increíble despliegue de talento poético que no te ha servido para nada.

Ya liberado de muletillas absurdas, complementos paralizantes y protocolos llenos de estereotipos mentirosos, asegúrate de instalar un filtro en tu sistema de procesamiento mental para impedir nuevas contaminaciones.

De la variada gama de dispositivos que podría recomendarte mi favorita es la pregunta: ¿Por qué?

La fe dogmática y las ideologías fanáticas intentan por todos los medios reprimir el «¿Por qué?», debido a su efecto disolvente.

La confrontación con una cuestión tan básica, les reta a una explicación razonada de los principios que quieren incrustarte en la cabeza y amenaza su permanencia como dueños de tu voluntad.

¿Quieres aislarte de lo inútil y purificar tu pensamiento de falsedades, optimizando tu capacidad pare distinguir entre una falacia y la verdad objetiva? Mete en tu sistema de comunicación el antivirus «Por qué».

Los alertadores de la paranoia y los vendedores de humo criticarán tu terquedad, reprocharán tu irrespeto a la autoridad o al acatamiento de las leyes del ocultismo; pero tú, ahí, con los pies sobre la tierra respirando el oxígeno de la libertad para exigir las explicaciones que te convenzan.

Mientras no las recibas, mantén tu pose de Tutankamón y que se las apañen con su alimentación *fast food* para el espíritu. A lo mejor a ellos sí les sirve.

Reír de «lo serio»

—¡Deja de jugar y ponte a la tarea! —le recriminaba una madre a su hijo, quizá menor de 4 años, quien se distraía rebotando una pelota contra el suelo mientras aguardaban su turno de ser atendidos en una tienda de artículos deportivos.

Apostado a corta distancia del flagelamiento verbal, experimenté un temblor de piernas por el tono de voz que había usado la dulce señora.

Revisé mi conducta para estar seguro de que no me exponía a un regaño similar y durante un fugaz instante sentí la tentación de compartir con ella, una sabia frase que aprendí en mi formación psicológica: *Nada hay* más serio que el juego de un niño.

Si no logré siquiera pronunciar una sola letra fue debido a que los ojos temerosos del niño voltearon hacia mí, como diciendo:

—Ni te atrevas. La conozco y es capaz de pagar conmigo la vergüenza que le hagas pasar.

Lo cierto es que para aquella madre, «lo serio» debe haber sido que el pequeño mantuviera la compostura de un duque frente a su reina y conservara la pelota en sus manos, como un talismán o una vela en la procesión de Semana Santa.

Esta interpretación de la seriedad no solo es propiedad exclusiva de muchos educadores, sino que pertenece a un ámbito más extendido de creencias convenientes, sobre lo que ella significa.

Observa, por ejemplo, el discurso de los políticos demagogos. ¿Has visto alguno que adorne su palabrerío con una auténtica sonrisa de satisfacción por las intenciones sinceras que tiene de cumplir promesas electorales?

Si conoces alguno, por favor no dejes de enviarme sus datos y si encuentras por allí a algún profesor de ciencias económicas que no arrugue el entrecejo para remachar lo absolutamente serio de sus planteamientos, empaquétamelo también.

¡Ah! y no olvides adjuntar a un profeta del desastre que se retracte de sus advertencias sobre el meteorito que se iba a estrellar contra nuestro patio trasero y la marejada devastadora que iba a tragarse hasta al gato.

Cuando uno reflexiona sobre los totalitarismos que han existido en la historia de la humanidad, se da cuenta de lo provechoso que habría sido una buena risotada ante las alocuciones o los desplantes grandilocuentes de sus líderes.

El sentido del humor es un arma letal contra los autoritarios, porque ellos carecen de ese don, el cual refresca las emociones y flexibiliza la personalidad. En los sistemas dictatoriales proliferan los caricaturistas y los guionistas teatrales que se mofan de un sistema represivo, porque la risa retumba con ruido libertario en los oídos de la gente.

De modo que estás en pleno derecho de mandar al carajo mediante una carcajada, todo aquello que atente contra tu autonomía de pensamiento y la libérrima facultad que tienes para elegir tu destino.

Tú decides lo que es serio o no. Lógicamente, sin ponerte en plan payaso de circo. La táctica es de tu uso exclusivo. Es parte del antivirus que bloquea invasiones estresantes y mensajes basura a tus procesos emocionales, ahorrándote noches de insomnio e hipertensiones malignas.

Ríe que la vida es corta y ponte en serio con lo que valga la pena. Entre una cosa y otra, diviértete botando la pelota contra el suelo, como el niño de la tienda… pero sin la madre rezongona.

Tarea para casa

- Enciende el televisor y mira los telediarios. Traga una pastilla antiemética (contra las náuseas) y oye lo que dice un demagogo cuando habla hacia el público o responde a las preguntas de un entrevistador.

- En vez de enfurecerte por la flagrancia de sus mentiras, prueba a reírte en su cara. Si las contradicciones y el lenguaje corporal del personaje no te mueven a hilaridad, pide a alguien cercano que te haga cosquillas. Tal vez hayas pasado demasiado tiempo comiéndote el hígado por la rabia en lugar de protegerte con un buen antivirus.

- Cuando escuches a un «iluminado» consejero o a un erudito que te trate como a un lisiado emocional y pretenda instruirte sobre lo que para él (ella) es una verdad como un piano, ensaya tu «Por qué».

- Vuélvete Pepito preguntón y no cambies de parecer hasta que no te convenzan con razones lógicas, bien fundadas y verificables en otras fuentes confiables.

- En caso contrario… ¡al carajo con eso! Y a reírte de lo lindo.

Lección décima

Escoger un tipo de soledad personal y disfrutarla

Quedarse solos es el fantasma que asola a los humanos, casi desde que salen del vientre materno.

Apenas se rompe el vínculo de dependencia absoluta, tanto a la madre como al hijo se les remueven ansiedades atávicas sobre la soledad y en virtud de que el equipo emocional con que estamos dotados es muy sensible a pérdidas afectivas, allí mismo entran en funcionamiento los mecanismos reductores de ansiedad.

Lo más lamentable es que en el catálogo de recursos ansiolíticos, aparte de la chancla y el grito destemplado, la crianza tradicional haya incluido al abandono afectivo como método corrector.

Tanto en la casa como en la escuela y desde tiempos muy remotos a los niños, cuando no son azotados se les arrincona en una esquina, se les encierra en su habitación o se les da la espalda para desatender el llanto o las manifestaciones que revelen disgusto.

¿Cuál es el daño colateral derivado de este régimen de enseñanza?

Básicamente, que por desobediente o malcriado el niño se gana un buen rato de soledad como castigo, equivalente a desconocer su existencia por unos cortos o largos minutos.

Extraño, ¿no? Uno debe preguntarse cuál habrá sido el motivo por el cual los formadores de modales eligieron un patrón de tal naturaleza para disciplinar a los párvulos.

Es de suponer que el responsable fue un ejemplar del *Homo sapiens* (los anteriores eran más de chanclas y mazos de piedra) quien una noche descubrió su propio miedo a las cavernas oscuras y se dijo:

—¡Vaya!... si esto me pasa a mí, a los pequeñajos que se niegan a comer su ración de zorrillo asado, les debe asentar como un mazazo en la mera testa.

A la hora de cenar, instó a uno de sus vástagos a ingerir el muslo de una mofeta cocinado a fuego rápido. La mueca de asco que el chico puso en su cara fue suficiente para que el homínido ancestral lo expulsara del recinto en que se encontraban, hacia un lejano agujero excavado en la roca.

El correctivo dio resultado y desde entonces se ha instalado en el inconsciente de la humanidad como factor imprescindible de control, además de como una amenaza latente para los desadaptados (tal vez explique también por qué ningún restaurante tiene en su menú a los zorrillos).

De allí que el chantaje representado por una suspensión —aunque sea momentánea— del suministro afectivo, le produzca escalofríos hasta al tunante más revoltoso.

La soledad es la suerte de todos los espíritus excelentes, dijo Schopenhauer, pero su afirmación falla en calmar nuestros temores.

Aun cuando el eminente filósofo saliera de su tumba y se desgañitara tratando de convencernos, haríamos caso omiso a sus rogativas y correríamos a caer en brazos de quien nos ofreciera salvarnos del maléfico espectro que nos persigue desde que por primera vez quedamos solos en una habitación.

En resumen pues, que quienes no aprecian demasiado la vida de los ermitaños ni son grandes fans de San Juan Evangelista, tienen que entrar por al aro y hacer malabarismos para ahorrarse la pesadumbre asociada a la soledad.

Se me ocurre que, sin ánimo de competir con Schopenhauer, algo tengo que aportarte para desmontar el pánico visceral que te hace vulnerable a coacciones del tipo:

«Eres muy exigente y te vas a quedar solo(a)»; «¿Has cumplido los 40 sin casarte? mmmm… sospecho de ti», o la más socorrida por los enamorados que se aprovechan de la debilidad de su contraparte: «Si no haces (tal o cual cosa), es que no me amas y quieres que me vaya».

Reflexionando sobre mis pacientes y la conflictividad que les generaba el constante dilema entre una compañía insatisfactoria *versus* una vejez solitaria, llegué a la conclusión de que el elemento temible no es tanto la soledad en sí misma, sino el hecho de que esta sea impuesta y no elegida.

La diferencia primordial reside en que la impuesta no es deseada. Te llega de golpe o progresivamente y absorbe tu energía hasta que te rindes a ella.

La soledad elegida, en cambio, aquella que decides por cuenta propia y porque te sale de… de las entrañas, es una fortaleza inexpugnable dentro de la cual eres tú el ente gobernante y donde no hay lúgubres cavernas ni mazmorras tenebrosas.

Si se te antoja una comparación, imagínala igual a ese saloncito que has decorado a tu gusto y al que te vas siempre que deseas apartarte del ruido callejero o recobrar tu identidad más íntima. Allí disfrutas de una bebida reconfortante, escuchas la música que te agrada y respiras a tus anchas, sin intromisiones indeseables.

Es, en pocas palabras, el nicho personal donde te relajas y te acompañas con el mejor amigo del mundo: Tú mismo(a).

En el campo de tu soledad elegida dispones de amplios espacios para la diversión, alimentos para el alma y amores limpios, puros, no condicionados por el hambre de la posesión, ni por la voracidad afectiva.

Ese contorno de tu vida es siempre próspero y fecundo. Si no tienes visitas, te da igual, pues no es algo de lo que tú te pierdes. Se lo pierde quien se aleja.

¿Todavía te parece ingrata la soledad? ¿Tendrán razón quienes solo conciben una vida normal si se sumergen hasta las orejas en una muchedumbre, aun cuando en ella estén más solos que en casita, escuchando a Mozart o a Romeo Santos (si es su gusto) mientras saborean una copilla de brandy?

Mi perspectiva, lograda a punta de observación detallada y un oído atento a las quejas ajenas, es que únicamente quienes asumen su soledad con alegría y colman sus anaqueles de abastecimiento emocional de gratas vivencias, cuentan con el arsenal suficiente para mandar al carajo a los chantajistas, a las miserables lapas que necesitan pegarse a la piel de otros para sobrevivir y a quienquiera que intente engrillarles con sus demandas enfermizas.

Así que envuélvete en tu manto de identidad individual, desafía a los cobardes y ¡Fuera las sabandijas embaucadoras! ¡Bienvenidos los solitarios que pueden estar o marcharse si les apetece, sin que mueras de rodillas suplicándoles por un mendrugo de compañía!

Tarea para casa

- Coge el almanaque y traza un círculo alrededor de una fecha, tal vez el próximo fin de semana, en la cual podrías fijar un *tête-à-tête* contigo mismo(a).

- Diseña un programa de actividades placenteras, de acuerdo a tu gusto y voluntad.

- El asunto se simplifica si eres una persona soltera e independiente; pero aun si estás unido emocionalmente a otro individuo o tienes una familia a la cual atender, siempre puedes pedirles que respeten tu deseo de preservar un largo momento de autocompañía. Unas cuantas horas de soledad elegida no les va a lesionar demasiado y además, la recompensa de tenerte de vuelta con un rostro abrillantado por la sensación de vivir con gente que valora la libertad, compensará cualquier contratiempo que les haya causado tu recogimiento provisional.

- Durante el tiempo que hayas escogido para atenderte, descarta preocupaciones innecesarias. Estás allí para conocerte mejor y alegrarte con la decisión de estar solo(a).

- Al final del lapso de tiempo que hayas decidido para ese ejercicio, recoge tus experiencias y almacénalas en un espacio mental, interno y privado.

- Servirá como refugio, cada vez que en el acontecer diario te topes con obstáculos difíciles de superar, gente fastidiosa empeñada en que les regales fragmentos de vida o actividades aburridas de las cuales no puedes escapar.

A ver cómo te va.

No sé… pero algo me dice que vas a mandar al carajo a los clarividentes que te pronostican una vejez solitaria y acongojada.

¿Qué hacer si regresan del carajo?

Como consecuencia inevitable de la lectura de este manual y de escuchar las entrevistas que los comunicadores han tenido a bien hacerme sobre los temas que componen sus páginas, he recibido consultas sobre lo que debe hacerse en el caso de que aquellos que han sido objeto de un trato tan especial, decidan regresar del carajo para seguir amargando tu existencia.

La respuesta que acostumbro dar es que si aplicas el puntapié con diligencia y precisión, no habrá posibilidad de que los enviados a la altura del palo mayor, retornen de aquel frío cubo y mucho menos con las mismas intenciones que ameritaron la sanción.

Alguien que ha sido expulsado de forma drástica fuera del círculo vital de un individuo convencido de su derecho a ser feliz e independiente no debería quedar en condiciones como para reintentar su detestable acoso.

No porque en realidad no haya reincidentes y tontos «con denominación de origen», que tardan en asimilar la lección, sino porque quien está convencido de su necesidad de quitarse de encima los impedimentos a su autonomía y haya asistido al curso que aquí le he presentado, debe haber adquirido un set de herramientas útiles para no enfrentarse de nuevo a los excelsos representantes de la estupidez humana.

Pero como también sé que muchos de mis «educandos» no asimilan en forma permanente las lecciones que les he impartido, dado que desde la primera infancia les han marcado con un hierro candente aquello de la tolerancia sin límites y la «santa paciencia», voy a dejarte indicaciones adicionales para la eventualidad de que aquellos fantoches insoportables reaparezcan en tu pantalla de radar.

Creo que haber disfrutado aunque sea una sola vez, del inmenso placer de ver volar a los necios bien lejos de tu territorio vital, te ayudará a superar cualquier género de dudas acerca del placer que obtendrás ejercitando la pierna de futbolista que cumplió la primera misión de envío a las alturas.

Sabido es que los humanos tendemos a repetir aquello que nos genera sensaciones placenteras y no seré yo quien se interponga entre tus pulsiones primitivas y la satisfacción que ellas reclaman.

¡Nada de eso! Mi estímulo para ti, lo abreviaré en una sola palabra: **Libertad**.

¡Venga… a la de tres!, proclama a voz en cuello tu decisión inquebrantable a ser libre y que se entere de ella hasta Superman en su madriguera del Polo Norte.

Apresta tu equipo defensivo y avista a tiempo a los invasores que se fugan de su prisión en la vergonzante canasta. Pero no te precipites. Actúa con inteligencia y estudia a fondo la circunstancia que se renueva.

Evita solapar lo ocurrido en anteriores oportunidades, con aquello que se avecina en el día de hoy.

¿Recuerdas la sección en la cual se enfatizaba la necesidad de DIFERENCIAR? Pues eso.

Una separación temporal que te ayude a actualizar el cuadro de respuestas será la lente de aumento más apropiada para consumar la sentencia, sin riesgo de cometer injusticias o graves errores.

Barajemos a continuación algunas situaciones-tipo que podrían surgir si es que los zombis ambulantes ya procesados y ejecutados, vienen a por más.

PRIMER CASO

El fugado del carajo regresa con la misma actitud que le valió anteriormente su condena a presidio

Una mañana caminas despreocupadamente por la calle, miras a la acera de enfrente y ves que el atontado a quien hace tiempo enviaste a tomar las de Villadiego, te saluda disponiéndose a reeditar su asedio.

—¡Dios santo! ¿Es que hay gente torpe que no aprende? —dices para tu capote.

—Claro que la hay —susurro desde dentro de tu cabeza—. No imaginas las dificultades que tienen ciertas especies animales para el entrenamiento en socialización. Algunos sufren del empecinamiento propio de los batracios que saltan dándose topetazos contra un muro, impulsados tal vez por una determinación genética a romperse la crisma, o porque creen que tienes su misma memoria larval y has olvidado sus insolencias.

Anda, saca el expediente donde consta su prontuario y enfoca tus sentidos sobre el personaje, para que determines si ha habido cambios notables en su conducta que ameriten una revisión de la causa procesal.

Revisa, por ejemplo, si su discurso se ha modificado favorablemente; ponte unas gafas de Rayos X a ver si detrás de un disfraz de oveja no se oculta un lobo feroz como el de Caperucita. Sintoniza tu radio receptor de mensajes ocultos para detectar gestos, modales y signos de que en verdad viene con una intención reparatoria o si es otra de las añagazas que se inventan los abusadores para hostigar a sus víctimas.

Amplifiquemos mejor el escenario para ilustrar con mayor detalle la recomendación:

El (La) candidato(a) se presenta afirmando que es otro ser después del período de reclusión en el carajo y desea que lo indultes y lo aceptes de nuevo en tu entorno de relaciones amistosas o amorosas.

Un picor en la punta de la nariz te indica que rechaces el burdo engaño; pero no tienes la absoluta seguridad de que lo sea y por lo demás, una fibra romántica en tu pecho anima la esperanza de una redención. (Es posible que a mis espaldas te hayas apuntado a un taller del perdón y bueno... eres libre de hacer lo que quieras con tu tiempo y tu dinero).

En tal encrucijada mi recomendación es que metas en el congelador los postulados sentimentales y uses a plenitud tu consciencia activa, para no dar traspiés en la decisión que vayas a tomar.

Examina los alegatos que el otro presente intenta descubrir en ellos la coherencia de la sinceridad o alguna incongruencia patrañera que facilite tu dictamen. Asumiendo que, no obstante su formulación quejumbrosa y aparentemente honesta o reparatoria, al final concluyes que desde lejos se notan lunares de falsedad en sus palabras y acciones; los argumentos que utiliza suenan inconsistentes y vagos, con abundantes contradicciones no atribuibles a nerviosismo o una emocionalidad efervescente de pasión.

En breve, que no acumula la cantidad de puntos positivos en tu lista de temas valorados que necesitaría para reingresar a tu club de gente buena.

¿Solución?

Dentro de las opciones que pudieran presentarse, escoge aquella que se adapte con mejor a la situación.

Yo te diría que apretaras el disparador sin tanta vacilación; pero como la prudencia nunca está demás y dado que una acción precipitada cuando hay incertidumbre ha lanzado muchos coches a un barranco, prefiero retener mi impulsividad.

Abre un compás de espera para profundizar el estudio. No muy abierto, desde luego, con unos cuantos días bastará. Tu plan será tener contacto frecuente con el (la) retornado(a), actuar despreocupadamente y generar confianza.

Cuando el otro demuestre estar confortable en tu presencia, provocas uno de los eventos que en el pasado ameritaron la mandada al carajo y esperas su reacción.

Si su respuesta es la misma del pasado y frente a ti se presenta de nuevo la fiera que antes te acorraló, nada más hay que repasar ni demorar la ejecución.

En ese mismo instante, en el sitio donde haya fallado la prueba, sin nuevas apelaciones y con la potencia de que puedas disponer, proyectas al indiciado hacia una lejanía de la cual no exista chance alguno de retorno.

Una chica de 18 años, a quien conocí en una conferencia universitaria, me relató el «final feliz» que había tenido su más reciente relación de pareja.

El novio regresó después de unas semanas de separación, causada por un carácter violento que no podía controlar. Solía ser en extremo celoso, inseguro y tempestuoso en sus reacciones.

Volvió jurando que era otro, que había consultado con un terapeuta milagroso y estaba curado por completo. La muchacha, que no era tonta, pero que todavía conservaba una dosis de amor, cedió y comenzaron a salir. Por esas cosas que acontecen sin razón aparente, un primo que estaba en el exterior fue a pasar las vacaciones en la ciudad y se alojó en el hogar de la muchacha. El novio no lo conocía y esto proporcionó el escenario para la prueba decisiva.

Un sábado en que el grupo de amigos comunes había programado una fiesta la muchacha se presentó tomada del brazo con el primo, que, de paso, era un galán.

Ya te imaginarás el desenlace. Al verlos entrar y sin mediar palabra, el «curado de celos» saltó como una pantera, se plantó frente a la pareja de primos con una cara de ferocidad y malas palabras, a interrogar quién era aquel acompañante.

—Es mi nuevo novio —respondió la chica—. Tú, te vas al carajo.

Varios de los presentes sujetaron al enardecido peleón, mientras ella se retiraba algo acongojada, pero satisfecha de haber comprobado la verdad.

—Alguien le dijo que era mi primo y al día siguiente me llamó por teléfono, pidiendo disculpas, aduciendo que se había desmandado por el alcohol, que no volvería a suceder, etcétera… etcétera. —concluía el relato—. Lo despedí con un adiós que no dejaba dudas de su significado y actualmente es una página borrosa de mi pasado.

Allí tienes, pues. Un remate de artista, excelente para ejemplificar el procedimiento que estamos trabajando.

**La moraleja podría ser:
Quien ofrece segundas oportunidades,
debe estar preparado para el desengaño.**

Grábala por ahí en una de tus neuronas.

SEGUNDO CASO

El evadido del carajo regresa,
pero sin discurso ni disfraz

En esta ocasión el tenaz perseguidor no se resigna a su confinamiento en la estrecha canastilla a la que le has mandado a freír espárragos y se mantiene saltando a tu alrededor como un saltimbanqui.

Escojamos para ilustrar el caso a una persona que trabaja contigo en un equipo del cual no tienes posibilidad de ausentarte.

Hace poco tiempo le asestaste un contundente leñazo para que se apartara de tu vista, pero la calamidad de dos patas sigue en su puesto, tú en el tuyo y el agobio cotidiano es inevitable.

Siendo como son los atorrantes (en ambos géneros), este se ha vacunado contra los aprendizajes valiosos de la vida y persiste en incordiarte con sus sandeces habituales.

Un día cualquiera, llega donde estás y repite la conducta por la cual le diste con la punta del pie hacia el carajo.

¿Qué harás? Pues, seguir el patrón que aquí te describo:

Jugando astutamente el rol de un obnubilado que no recuerda para nada el daño que se le ha querido infligir, te revistes de serenidad y, si quieres añadir el toque de la grandeza, despliegas cual cola de pavo real, una asombrosa e irreconocible amabilidad.

Si quieres asegurar el éxito de la táctica desconcertante debes esmerarte en suprimir cualquier tentación a mostrar abiertamente tus emociones negativas.

Imprescindible es que domines tus impulsos o ímpetus hasta el punto de que ni siquiera un especialista en lenguaje corporal, pueda captar en tus gestos o en la modulación de tu voz, el desagrado que te corroe las entrañas.

Halágalo, muéstrate complaciente y cordial. Recuerda... te han practicado una lobotomía total, la cual borró los vídeos mentales de agravios y molestias pasadas.

Como siempre, lo más probable es que el reincidente venga prevenido para repeler un posible ataque y no para una puesta en escena como la que has diseñado, el efecto de desarreglo mental que se le producirá, inclinará la balanza a tu favor.

Responde a sus peticiones o mandatos simulando una disposición de sirviente; pero sin acatarlos de inmediato. Solicita explicaciones o aclaratorias, fingiendo que tu deseo es satisfacerle con la mayor eficiencia posible.

Valiéndote de una premeditada cara de interés, combinada con una especie de embobamiento congénito, le vas sobrecargando de tareas explicativas hasta que le veas entornar los ojos por el agotamiento.

Al no avizorar de forma inminente una segunda azotaina, el hombre —o la mujer—, que vaya a sufrir de nueva cuenta las dolorosas consecuencias de su obstinación, se hunde en la perplejidad que le has ido creando y reduce su nivel de alerta del naranja, a amarillo o quién sabe si a blanco.

Tal vez llegue a pensar que sufres de un pasajero acceso de esquizofrenia, el cual puede aprovechar para sacar partido y esquilmarte de nueva cuenta. Tú, con calma y astucia sigues tejiendo la red que le atrapará.

Apenas observes que tu aparente disponibilidad para el abuso ha cumplido con el encargo de entorpecer sus respuestas, activas el disparador y ¡allá va el misil hacia la inmensidad del espacio!

Pero, no te inquietes, no voy a cerrar aquí mis indicaciones sin dejarte una anécdota ilustrativa de este caso.

Un abogado había perdido un juicio por culpa de su negligencia al redactar el documento que contrariaba la posición de la defensa; pero culpó públicamente al escribiente de su bufete al que llamaremos Paco.

Enterado el funcionario de la injusta acusación, sacó varias copias del escrito original (con la caligrafía del irresponsable jurista) y en una junta de socios las metió como por descuido en la agenda de lo que se iba a discutir aquel día.

La verdad de lo ocurrido en el juicio salió a la luz y todos en la oficina se enteraron del grave error, que Paco NO había cometido.

Días más tarde el abogado se presentó nuevamente con un escrito mal redactado y le pidió que lo incluyera —sin revisión— en la carpeta de un cliente, próximo a ser juzgado.

Paco se abstuvo de mostrar enfado o resentimiento. Antes bien, se prodigó en alabanzas y palabras de gratitud por su confianza al delegarle un encargo tan importante. Habló hasta por los codos y al comprobar el mareo que había producido en su interlocutor, llamó al resto de los compañeros para exhibir el documento bajo el supuesto de que quería compartir con ellos la perla legal que le acababan de entregar.

El rumor que se fue elevando entre los asistentes, despertó de su ensueño al leguleyo y cogiendo el escrito de las manos de uno que lo leía con expresión atónita, se marchó dando taconazos por el pasillo.

Un coro de risas mal contenidas quedó zumbando a sus espaldas y la cara risueña de Paco era un poema a la victoria de los «débiles» sobre los poderosos inmaduros que intentan proyectar en otros, su propia incapacidad.

Ahí está. Paco y tú, para lo que venga.

¡Salud!

TERCER CASO

El que regresa, lo hace acompañado por otros que se le han unido para derrotarte

Usaremos para estudiar este caso, la típica escena del que se siente agraviado y reúne una pandilla para vengar su dignidad ofendida.

¿Sabes?, como en esas películas de gángsteres o adolescentes agresivos en las que el cobarde, apaleado por uno que no le llegaba ni a los tobillos en petulancia y fortaleza, se rodea de otros iguales a él, creyendo que le ayudarán a saldar la deuda pendiente.

Estas cosas pueden suceder en el mundo real y en un plano mucho menos agresivo que el de los *thrillers* cinematográficos o los cómics de acción.

Lo más frecuente es que el perpetrador se acerque disimuladamente, incorporándose a tu grupo de referencia (amigos, un club social o una parroquia religiosa). Su convicción es que, incluido en un entorno donde lo más probable es que no estés a la defensiva, se irá granjeando afectos y la buena opinión de quienes están cerca de ti. Así se asegura de tener un *buffer* protector, para cuando quieras repetirle la dosis que antes lo elevó hasta el carajo. Es decir, ¡tendrás que aguantártelo, quieras o no!

¿Cómo actuar sin perjudicar la salud de un entorno que aprecias?

La mejor política para esta eventualidad es la de tratar al invasor como si fuera parte del mobiliario. No verlo ni atender a sus mensajes. Ignorar olímpicamente cualquier aproximación al perímetro donde te encuentras y castigarle con el retiro de tu atención si es que osa dirigirte la palabra (¿Recuerdas lo que comentamos en la lección sobre la soledad?).

Si es demasiado notable que te desagrada su presencia y preferirías mantener la imagen positiva que te hayas ganado ante los demás, pon la cara inexpresiva de un jugador de póquer ante sus avances, sin caer en la trampa de parecer amigable. Comunícate con el personaje mediante gestos mudos y si no te queda más remedio que hablarle directamente, usa el tono de un programa informático.

Compórtate como si fueses un extraterrestre únicamente para él (ella) y una pascua festiva para el resto de tus acompañantes.

El escalofriante silencio de la tundra ártica que recibirá al tratar de rehacer la relación contigo o la actitud petrificada con que le tratas, poco a poco le convertirá en una especie de cuerpo extraño también para el grupo, con lo cual se irá recluyendo progresivamente en el ostracismo, por su necedad y la carencia de escrúpulos que le caracterizan.

¿Qué oigo?... ¿Críticos moralizantes reclamando que te empujo a un comportamiento despiadado, incompatible con lo que son los buenos modales y la santa paciencia?

Pues, me rindo. Acompáñame a condescender con ellos en la sección final de nuestro manual de asertividad.

ÚLTIMO CASO

Regreso con gloria

La más deseable de todas las posibles contingencias que ofrecen los retornados del carajo es aquella en la cual quien ha sido pateado anteriormente, de verdad ha cambiado interiormente y se aproxima con sinceros deseos de no entorpecer tu vida, sino de reparar los daños causados sin malicia ni intereses subalternos.

Sé que en los medios del escepticismo recalcitrante hay voces que oponen una dura resistencia a aceptar el hecho de que los seres humanos (ya adultos), puedan modificar realmente sus hábitos; pero en algo habrá que coincidir con los esperanzados y confiar en el poder transformador del *Wishful Thinking*.

De modo que te pido soportar una porción homeopática de lo que quizá te parezca agua perfumada y continúes conmigo en esta fase final de tu lectura.

Un efecto positivo que puede tener la acción de mandar a alguien al carajo, es el de hacerle tomar consciencia sobre la necesidad de madurar y acoplarse a las exigencias de la gente no maliciosa.

Bueno es tener en mente que hay individuos no esencialmente perversos o malintencionados, sino que padecen trastornos de inseguridad y aceptación. Las torpezas que cometen tratando de resolver su problemática emocional, así como los estropicios que causan por su inoportunidad o la insistencia en parecer *cool,* pueden llevarlos a adquirir la totalidad de los boletos que rifan un viaje directo al carajo.

Pero también ocurre que a veces la pena de aislamiento y pérdida de contacto con las fuentes de atención que afanosamente anhelaban, abre una grieta de discernimiento en sus cerebros, a través de la cual se filtran ideas novedosas y lo que era un esperpento de estulticia comienza a evolucionar hacia un ser medianamente aceptable.

¿Quién quita que el estorboso enamorado de la juventud (si eres mujer) o aquella novia (si eres hombre) a quien despediste sin analizar a fondo la situación, haya pasado por el diván de un buen psicoanalista o viajado al Tíbet donde halló un sabio consejero que le asentó sobre el duro suelo de la realidad y esto le ayudó efectivamente a mejorar sus costumbres?

A ellos es lógico que se les dé un chance; eso sí, después de que se sometan al examen que tienes previsto para evitarte recaídas en la ilusión del romanticismo babieca.

Si tras un minucioso estudio y una reflexión profunda sobre los pros y los contras de la admisión solicitada, concluyes que el aspirante aprendió su lección, nada debo yo objetar. Abre el portón y regocíjate en tu benevolencia.

El «retornado» entrará sabiendo el precio a pagar por las reincidencias y don Rodrigo de Triana se quedará un poco más solitario, al menos mientras no tengas necesidad de patear a otro imbécil a hacerle compañía.

Sospecho que no tendrá que esperar demasiado.

Aplicaciones prácticas

-Refuerzo de aprendizaje-

omo te había prometido, dedicaré la presente sección a proponerte algunas recomendaciones específicas sobre lo que deberías hacer en áreas que cotidianamente demandan una asertividad eficaz y en las que solemos carecer de un entrenamiento adecuado para garantizar la entera satisfacción.

Empecemos echándole un ojo a un terreno literalmente ocupado por la poesía y en el cual la mirada científica levanta recelos de infiltración terrorista; pero dado que tú y yo hemos llegado juntos hasta esta altura del partido, no te quedará más remedio que armarte de valor para escoltarme una vez más en esta última aventura.

Sígueme como siempre, con un pensamiento abierto y libre.

1. Esa pareja que te da dolores de cabeza

Ya hemos tocado este tema en el transcurso de nuestro recorrido por los ámbitos de la libertad, en contraposición a las vicisitudes originadas por los neuróticos y otros perturbados. Sin embargo, he decidido darle un último repaso en virtud de la importancia que reviste la vida sentimental para los humanos.

Si estás hasta la coronilla de reflexionar sobre estos asuntos de la pareja, así como de las otras aplicaciones que he adjuntado aquí, harás bien en saltarte este tramo y devolver el libro a su estante.

Ahora, si crees necesitar un reforzamiento de conducta, quédate un ratito más. Espero no aburrirte hasta la postración.

A pesar de las innumerables ocasiones en que he escuchado a individuos expresar su necesidad de independizarse de un pesado yugo sentimental o poner fin a un matrimonio extenuante e insatisfactorio, pocos son los que se atreven a dar el paso decisivo y mandar al carajo aquella relación que los mantiene en una especie de jaque permanente.

Quienes nos dedicamos al asesoramiento profesional en esta competida área, tenemos que confrontarnos a diario con el espectáculo de unos seres abatidos y desesperados por su incapacidad para fijar un «¡Hasta aquí!» en sus particulares calvarios emocionales.

La salida está allí cerca, al alcance de sus manos (o pies), pero no la perciben debido básicamente a que han sido condicionados por el medio sociofamiliar para resistir hasta un vendaval que los azote, apoyándose en falaces consignas tales como: «El que ama tolera todo»; «Debes arroparte con la máxima paciencia para ser feliz en el matrimonio»; «No hay mucho que buscar fuera. Quédate con lo que tienes» y otras monsergas tan inútiles como patogénicas.

¿Qué hacer para descartar semejantes grilletes mentales y reconocer tu verdadero deseo de cambiar el traje del Santo Job por el de una persona con derecho a la placidez emocional?

Dentro del abanico de posibilidades que brinda el firme propósito de vivir sin quebraderos de cabeza, hay dos que representan las opciones más frecuentes:

1. Romper definitivamente el vínculo y largarte con buen viento hacia mejores destinos.

2. Colocarte una suerte de antivirus en el cerebro, el cual se encargue de filtrar el contenido de los mensajes recibidos, con la finalidad de que algunos sean reforzados mientras que otros —los molestos— desaparezcan o al menos reduzcan su impacto a un nivel indetectable.

¿Separación o sigo aquí?

El tema de la ruptura entre dos personas que se unieron creyendo que el vínculo se mantendría para siempre, contiene variantes que es preciso analizar antes de plantearse un drástico alejamiento.

Solo en casos verdaderamente malsanos, cuando los miembros de la pareja lo único que encuentran en el trato con el otro es un aburrimiento fenomenal, una sensación de absoluto fracaso o, peor todavía, un ambiente plagado de agresiones verbales que pueden llegar a la violencia física, se hace evidente que la única vía saludable es la terminación inmediata del contrato perverso.

¿Quién debe ejecutar la sentencia? Pues, lógicamente, aquel que haya despertado del delirio enfermizo y contemple horrorizado el historial de su participación en una trama destructiva.

La pauta a seguir consiste en analizar fría y objetivamente el plan de vida individual, para formularse preguntas del tipo:

• ¿Qué hago aquí?

- ¿Por qué continúo atado a esta persona?
- ¿Cuánta satisfacción REAL (no basada en un deseo obsesivo o una dependencia dañina) derivo de su contacto?
- Tengo tal o cual edad. Si proyecto mi visión al futuro, digamos en diez o veinte años ¿me veo feliz al lado de mi pareja actual?
- ¿De verdad no existe otra alternativa y lo que me queda es aguantar «hasta que la muerte nos separe»?

Desde luego, estas son apenas unas cuantas de las múltiples cuestiones que guiarán el proceso hasta alcanzar una decisión final.

Si el mayor porcentaje de las respuestas apunta hacia la resignación o a una aceptación graciosa de tu *peor es nada*, resígnate con la frente en alto y el estoicismo de las reses que marchan hacia el matadero.

Ahora, si el test no arroja sino un espeluznante recuento de atropellos o te deja la impresión de haber sido precozmente embalsamado y tu conciencia se llena de interrogantes giratorias en espiral sin que medie el consuelo de un posible desenlace favorable, el veredicto es obvio… ¡al carajo con los condicionamientos aprendidos y el suplicio de la culpa! ¡Bienvenido sea el bienestar!

Es importante guardar las formas y evitar guerras absurdas. Nada de «Yo gano y tú pierdes» o «La venganza es mía».

El valor de la libertad es extraño a la realización y, por tanto, no requiere de compensaciones por el tiempo invertido en un proyecto engañoso.

Regalarte un porvenir de entusiasmo, con nuevas posibilidades de realización para tus anhelos afectivos en ámbitos diferentes a los que has conocido, será suficiente recompensa.

Piénsalo, ¿de qué te serviría castigar al otro o rebajarlo al nivel de una mota de polvo? ¿Acaso no has estado tú también como actor o actriz en el lamentable sainete? Recuerda, no es a la otra persona como tal a quien estás enviando al carajo. Es a la negativa interacción que establecieron entre ambos y que tuvo una vigencia compartida con mutuo consentimiento.

Entonces, pasa la página y afronta tu decisión sin atender a las pautas venenosas de los boleros.

Date una palmada en la espalda por el salto cuantitativo que darás hacia el lado soleado de la calle y canta otro tipo de baladas. Aumenta tu estatura emocional y verás cómo lo que antes parecía irremontable, ahora luce ridículamente pequeño.

Alejarte de la insalubridad en que te hallabas y mirarte con orgullo al espejo, será el mejor galardón que te puedas conceder. ¿Quieres más?

No… no lo creo. De modo que doy por concluido mi discurso de entrenador deportivo y paso a revisar la segunda alternativa.

Nos encontramos con la situación de que tras una inspección fiscalizadora de tu jerarquía de aspiraciones, llegas a la convicción de que no desees cortar el lazo que te une a tu pareja actual, sino eliminar de su repertorio ciertos rasgos que aborreces (partiendo, por supuesto, de que seas una persona relativamente sensata).

La técnica fundamental para lograr tu cometido ha sido provista por los psicólogos del aprendizaje y consiste en algo que ellos llaman Extinción y Reforzamiento de Otras Conductas (RDO).

El procedimiento estándar comienza definiendo el aspecto que deseas modificar con la especificidad de un astrofísico.

De muy poco valen imprecisiones tales como: «Que se porte bien»; «Que sea más educado(a)» y otros lemas incluidos en el catálogo de la esperanza. El objeto de cambio debe expresarse en términos verificables, mediante un examen prolijo y consciente.

«Me desagrada que se ría estruendosamente; pero desde ningún punto de vista soporto cuando lo hace después de contar un chiste que en realidad no es tan gracioso». He allí un perfecto enunciado de lo que puede ser una intervención efectiva.

Tomemos como ejemplo esta queja, formulada por una dama a quien tuve ocasión de entrevistar en mi consulta privada.

Mi pregunta para ella fue: ¿Cómo imagina apagar el volcán de hilaridad que estalla cada dos por tres, debido a que el señor no está —o no quiere estar— consciente de cuánto le perturba a usted su comportamiento?

La solución que trabajamos en conjunto fue ignorar tajantemente cualquier risotada estruendosa, se produjera donde se produjera.

En cuanto el hombre arrancaba en la narración de una anécdota chistosa y ya se anunciaba el escándalo que vendría a continuación, la señora se ocupaba en alguna faena de distracción o simplemente se retiraba a otra habitación. Hacía esto sin mostrar enojo ni formular quejas que revelaran su desazón. Su cara era lisa y sus gestos como los de alguien que ha sido abducido por un visitante extraterrestre.

Si el marido protestaba por su apatía, parpadeaba como si despertara de un sueño y amablemente le pedía que repitiera el cuento el cual, desde luego, había perdido la gracia.

Acompañando el proceso de extinción conductual, la esposa daba un respaldo entusiasta a expresiones menos eufóricas o estrepitosas.

Así, después de un número reducido de sesiones, lo que era un desasosiego insoportable acabó siendo un simple recuerdo y la pareja logró mantenerse dentro de la concordia en forma gratificante para ambos.

¿Ya ves? No es necesario armar a cada rato la de San Quintín o romper de un plumazo con alguien a quien amas pero que tiene algunas aristas repugnantes.

Aplicando una dosis de inteligencia, astucia y dedicación, mandas al carajo las conductas que te amargan y quedas tan contento(a) junto al ser esencial del que te enamoraste.

Recuerda: Negociación del tipo Ganar-Ganar, en lugar de refugiarte en métodos infantiles es la clave para evolucionar.

---

2. Los compañeros de trabajo y ese «jefazo» que te hostiga

Los sistemas liderados por uno o más individuos suelen abundar en situaciones que atentan contra el desarrollo de una personalidad autónoma y exitosa.

Cuando no es un jefe con ínfulas estalinianas quien te da la lata, es un compañero envidioso el que se empeña en hacerte la vida de cuadritos. Si no es la secretaria que retrasa sus obligaciones haciendo gala de la más repudiable actitud pasivo-agresiva, es el socio narcisista que sabotea tu desempeño mediante la descalificación o, directamente, valiéndose de su cuota de poder para entorpecer el trabajo que no lleva su firma.

En la sección antecedente te he dejado la instrucción de aplicar los principios de Extinción y Reforzamiento de Otras Conductas. Con esto ya tendrías en tu poder alguna herramienta para quitarte de encima estorbos momentáneos o la interferencia de los tontos que jamás cejan en su terquedad por molestar. No obstante, cuando el problema es causado por un jefe atrabiliario el plan tiene que meditarse y adaptarse a las circunstancias particulares de cada caso.

El planteamiento de mandar al carajo a la gente necia se complica ante un superior intransigente, demandante y que no tiene reparos a la hora de reclamar obediencia. ¿Y qué decir de la ardua tarea que implica conjurar el acecho de los maledicentes, el sabotaje artero y la rémora de los aprovechadores que se ocultan tras una máscara de «personas muy ocupadas»?

Si has descartado la opción de renunciar a tu cargo y orientar tus pasos hacia la calle, el predicamento se torna en algo aún más serio.

Los años que dediqué a la formación y la estimulación de habilidades para empresarios me enseñaron que la peor estrategia es lanzarte de cabeza contra el opresor, como si fueras un rinoceronte enfurecido. Esas réplicas vivientes de Zeus tienen una armadura a prueba de cañonazos y además gozan de lo lindo cuando un incauto les da motivos para pisotearle y sacudirle el polvo a su antojo.

De modo que mejor te aguantas las ganas de hacer lo mismo con ellos y te invito a optar por tácticas menos espectaculares.

Primero, lo primero. ¿Conoces a ciencia cierta el poder de fuego que detenta tu oponente? ¿Tienes alguna noción de los medios que emplea para imponer su voluntad (estilo predilecto de liderazgo, énfasis en la voz, manejo del lenguaje no verbal, ocasiones favoritas en las cuales ejerce su dominio, etcétera) y los sentimientos que genera en tu ánimo (temor, rabia, impotencia o cualquier emoción derivada de su trato)?

Sobre estas peculiaridades no debes albergar duda alguna.

A ver, ¿serías capaz de apuntarte a una maratón cuyo itinerario describiera un trayecto a través de un campo que estuvo minado durante la guerra del Golfo? Seguramente que no.

Claro, porque es sabido que la detección de minas suele ser el talón de Aquiles de los expertos desmontadores de tales artilugios y muchos han perdido una mano o un pie, por andar jugando a las escondidas en sitios peligrosos.

¿Exagero en la comparación? Pregunta a las víctimas que cayeron bajo el fuego nutrido de Mr. Donald Trump, no en su ruta a la presidencia de los EEUU, sino en un programa llamado *El Aprendiz* (*The Apprentice*) que el magnate dirigía en la cadena NBC.

La cantidad de errores que aquellos participantes cometían y que los descalificaban por no estar atentos a detalles como los que te he señalado era escalofriante.

Para resumir la estrategia que recomiendo, te diré que el foco debes fijarlo en la COMUNICACIÓN.

He recurrido a los grandes caracteres, para que tus canales visuales impriman a fuego esa mágica palabra en tu corteza cerebral y te la repitan hasta en sueños.

Quien domina el campo de la comunicación y capta los entresijos que haya en sus intercambios con las figuras de autoridad, posee un margen de maniobrabilidad útil para salir airoso de potenciales confrontaciones.

Segunda fase:

¡Perfecto! Lo tienes claro. Eres un habilidoso analista del manejo comunicacional, conoces al dedillo al personaje y has reunido el coraje para mandarlo directamente al palo mayor, cuando se presente por ahí a hostigar.

¿Y ahora?

El paso siguiente requiere de un uso especializado de la cabeza y no de un retorcimiento de vísceras, como los que has venido sufriendo hasta hoy.

Toma otro apunte mental: PALABRA CARGADA.

Con esto me refiero a que en el mensaje transmitido siempre hay un elemento que cualifica al resto de la composición gramatical. Si lo detectas y cambias su significado para jugar con él, conviertes lo que sería un evento estresante en una divertida mandada al carajo.

Margaret era el nombre de una secretaria habilísima en esta táctica. En una oportunidad el riguroso supervisor que cada tanto se empeñaba en mortificarla con peticiones absurdas, le envió un correo electrónico diciendo:

—Doña Margot (solía cambiarle el nombre por puro deseo de molestarla). Necesito que me envíe un reporte pormenorizado al máximo de los gastos que se produjeron con motivo del almuerzo navideño que usted tuvo a bien programar para el personal. Lo espero cuanto antes.

¿Has ubicado en el breve texto, la palabra «cargada»?

Si no lo has hecho todavía, te diré que el sensible dispositivo mental de Margaret registró el dato en un periquete.

A media tarde respondió el correo con otro que adjuntaba un voluminoso documento Excel, en el que aparecían ítems de todas clases.

Combinado con información lógica, como sería la factura del restaurante que envió la comida a la empresa y el sueldo de los meseros que atendieron a la concurrencia, se especificaba el coste de las servilletas desechables, los mondadientes, una determinada cantidad de vasos de plástico con sus respectivas marcas (por aquello de la variación de precios), un estimado del posible consumo de energía eléctrica y agua, así como un montón de variadas minucias poco importantes, pero que ocupaban cerca de tres páginas adicionales.

La correspondencia se cerraba con una coletilla malvada:

—Creo haber correspondido a su solicitud y quedo a la espera de una pronta aprobación para ser remitida al departamento de contabilidad. Me permito recordarle que trabajan hasta las cinco y he prometido que tendrían hoy mismo el informe. Un placer saludarlo. Margaret.

No recibió confirmación por parte del jefe, así como tampoco tuvo que soportar por varios días un nuevo ataque por su parte.

¿Cuál fue la clave de su victoria sobre el tiranuelo mandón? Haber atrapado al vuelo la palabra *máximo* que matizaba el mandato inicial.

¡Allí residía la carga que pondría a nuestra heroína en una posición vencedora!

—¿Me has pedido «al máximo»? Pues ¡toma al máximo! —diría ella.

Con su escrupulosísimo reporte Margaret no contradecía la orden, sino que la exageraba hasta alcanzar proporciones paquidérmicas. El oficio de examinar y aprobar aquel horrendo mamotreto quedaba en manos del verificador, al igual que la urgencia por la promesa de entrega que la secretaria había hecho al departamento de contabilidad.

Transcurrida la incómoda experiencia, el hombre habrá tenido que pasar por un período de recuperación antes de intentar una nueva arremetida autoritaria.

Esta es solo una muestra de lo que puedes lograr analizando a fondo la esgrima comunicacional que se desarrolla entre un individuo interesado en que se le respete su dignidad laboral y el consuetudinario acoso de quienes consideran que liderar es equivalente a atropellar a sus subalternos.

Naturalmente, hay una amplísima gama de recursos a tu disposición; pero estimo que con lo expuesto tienes bastante para pensar y orientar tu plan específico.

¡Al carajo los dictadores!

3. Aquel pariente fastidioso que nunca falta

Toda familia que se precie de «tradicional» tiene en su haber a algún miembro fastidiosamente neurótico, cuya especialidad es acosar a los demás con sus demandas o desplegar conductas irritantes hacia uno al que ha elegido como un blanco perfecto para enloquecerlo.

Seguro en la tuya lo hay y más de una vez te has preguntado cómo mandar al carajo a una plaga de tal calibre, sin que el resto te acorrale con reproches por desacatar los sagrados principios de obediencia filial, hermandad, *sobrinidad*, *cuñadidad* y tantas otras categorías de las que sobran en esos sistemas.

De antemano te digo que no resulta muy fácil, aun cuando es perfectamente posible si te lo propones.

La dificultad esencial reside en que muchas veces, el personaje en cuestión opera a la sombra y amparado tras una cubierta de «confianza absoluta» o respaldado por unos códigos jerárquicos de edad en los cuales el mayor gobierna al más joven o es más respetable que quienes llegaron tarde al grupo familiar.

Por esta razón la táctica que vayas a elegir debe estar en sintonía con los reglamentos establecidos dentro de la estructura y no fuera de ella. Esto es, que es preciso desechar verbalizaciones agresivas, actos que atraigan la atención de quienes pueden juzgarte mal, rupturas del vínculo afectivo y por supuesto, el equívoco de pensar que si te quedas como una momia, el asedio eventualmente cesará. No digo que no pueda ocurrir un milagro y el abusador decida curarse de su mal; pero la sanación espontánea es muy poco frecuente. Así que lo prudente es asegurar una operación de desmontaje bien dirigida a su objetivo.

Otro estudio de caso nos ayudará a comprender cómo funciona una maquinaria de liberación efectiva:

Raúl era un preadolescente, quien vivía con su madre divorciada y una hermana de 15 años a quien llamaremos Nina. En vista de que la señora era el único sostén del hogar y debía pasar gran parte del día en una oficina, a Nina le fueron delegadas ciertas funciones maternas. Entre las principales estaban la de controlar que Raúl hiciera sus tareas escolares a tiempo, se aseara y mantuviera una buena conducta.

Amparada en su rol de madre sustituta, la quinceañera se extralimitaba y presionaba al pobre hermano hasta desesperarlo; pero siempre contando con el respaldo de la máxima autoridad en el hogar.

Hastiado un día de tanto abuso, Raúl decidió apropiarse del reinado del terror y coger la manija de la situación. A sabiendas de la fobia hacia las cucarachas que padecía su guardiana, metió en un frasco el cadáver de una que encontró bajo la cama y ocultó el envase en un armario.

El sábado, estando la madre en casa y tras soportar otro abuso, el chico se enfrentó a Nina con estas palabras:

—Uno de estos días te voy a dar una golpiza y me lo vas a agradecer.

Risas y más burlas fue lo que recibió como respuesta.

Por la tarde, Nina dormía profundamente en el sofá. Raúl vio allí una oportunidad de oro para activar la «venganza» prometida.

Trajo el frasco que había reservado y dejó caer el insecto muerto sobre el abundante cabello que colgaba a un lado del mueble.

El golpe de escoba en plena cabeza despertó a la hermana que comenzó a gritar enloquecida. Dos o tres escobazos adicionales siguieron al primero y la vociferación alcanzó cotas estratosféricas.

La madre corrió desde su habitación para enterarse de lo que sucedía.

—¡Echaba una siesta y este imbécil ha venido a golpearme como loco! —clamó Nina enfurecida.

—No es cierto —replicó Raúl—. Tenías una cucaracha en el pelo y trataba de quitártela con la escoba. Mira, la maté. (Señalaba al suelo donde yacía el animal destrozado).

—Ya ves —dijo complacida la señora—. Dale las gracias a tu hermano que te ha salvado de despertar con esa alimaña en la cabeza.

—Pero, mamá…

—Nada más. Agradécele la ayuda y date cuenta de que él te quiere.

No acababan de quedar solos cuando Raúl se acercó al oído de la chica para susurrarle:

—Ahora sabes de qué soy capaz y tú duermes mucho. ¿Hacemos un pacto de no agresión?

Está de más decir que desde aquel instante las cosas cambiaron radicalmente y un ambiente de solidaridad se fue creando entre los hermanos.

¿No te ha parecido una magistral demostración de astucia solucionadora de problemas? Yo, desde luego, le tributé el aplauso que merecía.

Imagino que no faltará el santurrón que venga a criticar ya sea a Raúl o a este servidor, por una especie de venganza consumada con todo el placer del mundo.

Yo cambiaría el término *venganza* por *justicia,* pero, como conozco lo irreductibles que suelen ser los santurrones, limito mi contestación a mandarlos al carajo donde seguramente conservan los recuerdos de tantos atropellos no resueltos.

La justicia a veces requiere de algunos métodos drásticos y la familia no es una excepción.

En esto aplica aquella conocida frase de Benito Juárez: «El respeto al derecho ajeno es la paz».

4. Tú mismo... o eso que crees ser

—¿Mandarme al carajo yo mismo? —preguntó extrañado un amigo con quien conversaba sobre el tema de la asertividad y las aplicaciones que ella puede tener en la vida cotidiana.

Su cara de perplejidad me obligó a explicarle lo que ahora redacto para tu consumo y uso personal.

Lo cierto es que el Yo, esa estructura psíquica a la cual has aprendido a definir como «tu identidad», no es un bloque monolítico, sino el producto final de muchos ingredientes combinados entre sí.

Sobre el sello primario que aportó tu progenitora y que marcó la existencia que hoy te cualifica como individuo, se marcaron las huellas que te ha dejado el intercambio con un medio social abundante en sellos de identidad.

Piensa por un segundo, ¿hablas igual a quienes nacieron en tu ciudad natal, sí o no? ¿Usas refranes y modismos que inventaste tú mismo o los has copiado del entorno? Tus preferencias de comida, vestimenta, las actitudes hacia otras personas y tus ideas políticas o religiosas, ¿de dónde han salido? ¿Quién ha condicionado los estereotipos que matizan tus preferencias? Cuando dices: «¡Soy yo mismo(a)!», ¿de quién o de qué cosa estás hablando?

¿Va quedando claro el concepto? Uno nunca es eso que cree ser, a menos que haga un trabajo de selección y separe la matriz central del cúmulo de pegatinas que lleva adosadas a su carné de identidad interno.

Entre esos aprendizajes —muchos de ellos adquiridos por vía inconsciente— están los esquemas rígidos de pensamiento que fijan en tu mente carteles chauvinistas, racistas, fanatismos de toda laya y por supuesto las tendencias machistas o feministas radicales que se han puesto tan de moda en la actualidad.

Añade también inclinaciones a adorar ídolos prefabricados y la convicción de que eres uno de ellos. Incluye en tu lista de análisis los gustos que has desarrollado hacia cierto tipo de música, lecturas, estilos de vestir, de comunicarte así como el grupo de amigos que te rodean. Examina el tipo de gente que atraes y no dejes de revisar los criterios que has empleado para dilucidar a quienes amas y a quienes rechazas.

Mediante una revisión medianamente exhaustiva tendrás a la vista el panorama de tu verdadero Yo y la posibilidad de darle una patada en el trasero a aquello que sea un impedimento para desplazarte con libertad.

¡Atrévete a prescindir de las muletas que ayudan a caminar, pero que restringen el inmenso placer de volar!

¡Manda al carajo los grilletes del conformismo y la adecuación a cánones inservibles que obstaculizan el acceso a relaciones más gratificantes con la vida!

En resumen: Rescata del fondo de ese promontorio de identidades aquella que reconozcas como única y propia sin la menor duda. Vístete con ella y sal a la calle mostrando el reluciente rostro de la sinceridad. Aquellos que habitan en tu misma dimensión se te acercarán y serán tus compañeros de viaje.

Los otros —opuestos o indiferentes— se moverán en su ruta particular y solo si osan interferir con el rumbo que has pautado, se arriesgarán a ser enviados sumariamente adónde ya sabemos… ¿Para qué vamos a repetirnos?

¡Salud, entonces y que en tu destino siempre esté la alegría de haber escogido ser tú mismo! Ahora sí, ya puedes proclamarte de ese modo.

PERSONAJES DIGNOS
DE SER MANDADOS AL CARAJO

En virtud de que el título que elegí para la presente obra se presta a una inconveniente generalización, a continuación te dejo una reseña de posibles candidatos a formar parte de los enviados al palo mayor.

Es importante tener una gran claridad al aplicar la técnica, pues, como es frecuente en el espécimen humano, existen rasgos que pueden combinarse o ser intercambiables.

Por ejemplo, el narcisista patológico puede encubrir su trastorno de base con aspectos característicos de alguien que atraviesa por un episodio depresivo. De ese modo confunde a sus víctimas con manipulaciones culposas y saca provecho de la compasión ajena, para luego explotarla como lo haría un redomado psicópata.

Al topar con un individuo dotado de tal poder mimético, en tu mente se forma un mosaico de situaciones confusas las cuales hacen que te paralices momentáneamente y dejes de asestar el puntapié con efectividad.

Aquellos que tienen a la histeria como principal modus vivendi son igualmente, unos artistas del disfraz.

Una amiga, mujer muy estudiada y de una bondad indudable, había enviudado de forma traumática (el marido murió en un accidente de tráfico). Durante un par de años vivió en período de duelo y al fin, luego de que sus hijos la animaran a aceptar invitaciones de hombres interesados en entablar relación con ella, accedió a salir con el que se mostraba más insistente.

Al señor aquel solo le faltó parase de cabeza para enamorarla. Tarjetas, flores, versos y cánticos amorosos iban y venían hasta que cayeron las murallas de Jericó que mi amiga había construido a su alrededor.

La sorpresa mayúscula fue encontrarse de frente con un bloque de hielo.

Apenas bajar sus defensas y demostrar que el «fósil» que habitaba en su interior había vuelto a respirar, el hombre se transformó en un reptil de sangre helada que temblaba con la idea de mantener relaciones sexuales con ella.

—¡Es un histérico! —le dije cuando me relató sus frustrantes experiencias eróticas—. Mándalo al carajo.

Como antes dije, mi amiga era de una bondad rayana en la idiotez y se negó. Durante varios meses se vio sometida a los vaivenes emocionales de la histeria. El novio la adoraba un día y la rechazaba al otro. La enervaba sexualmente con caricias que nunca llegaban a completar el acto y le achacaba la responsabilidad a ella, acusándola de estar «demasiado excitada».

Aseguraba que su actitud era intimidante y esto redundaba en el enfriamiento de la virilidad que a él le sobraba con otras mujeres.

Un día, el tipo decidió romper el vínculo y mi amiga se hundió de nuevo en el dolor. Lo peor fue que no podía terminar de cerrar el ciclo, porque el enfermillo continuaba moviendo las cuerdas de sus afectos con repentinas apariciones telefónicas o mensajes de Whatsapp en los que expresaba unas pasiones encendidas, así como lamentaciones por tener que estar separados; pero no daba un paso hacia el acercamiento.

¿Lo ves? De haber identificado a tiempo el padecimiento que sufría aquel personaje, la mujer se habría ahorrado muchos pesares. Lamentablemente, su esquema emocional y el aprendizaje de lo que era una sana tolerancia eran cilicios incapacitantes para el ejercicio de su derecho a ser valorada.

He allí la razón principal por la cual debes esmerarte en realizar un diagnóstico preciso y centrarte en él, sin más rodeos ni vacilaciones. Eso sí, diferencia a unos de otros.

Recuerda: No hay que pasarse de listo y tratar por igual a justos y pecadores.

Aquí, el listado básico:

- Chantajistas del afecto.

- Conservadores apocados que te recomiendan no realizar cambios, por positivos que estos puedan ser.

- Manipuladores de los sentimientos de culpa.

- Abusadores de la confianza que se les ofrece.

- Hipócritas de toda índole.

- Profetas del desastre.

- Discutidores de oficio y «sabihondos» ignorantes.

- Buscapleitos de vecindario (aun cuando no estén en un vecindario).

- Líderes sin credenciales.

- Magos de Oz, autoritarios.

- Chismosos.

- Mentirosos.

- Aduladores.

- Cobardes que no dudarán en apuñalarte por la espalda.

- Categoría para elegir libremente al personaje que más te estorbe en tu caso personal.

FRASES ESTEREOTIPADAS
Y LEMAS ABSURDOS

━━━━

¿Por qué descartar frases hechas y refranes que se toman como sentencias sabias, cuando en realidad son tonterías sacadas de algún breviario de la absurdidad?

Pues precisamente por eso, porque son ideas absurdas que no aportan salidas útiles ni favorecen los recursos para vivir de mejor manera.

Dime si entiendes el significado o la aplicación práctica del clásico aforismo: «Más vale pájaro en mano que ciento volando».

¿Qué diablos es eso? Como metáfora la frase es bastante mala y como consejo, una locura. La traducción vendría a ser una invitación al conformismo y a la resignación.

—Quédate como estás y no sueltes lo que tienes seguro, aun cuando sea un pajarraco insignificante.

Esto es, que a pesar de lo que te explotan en tu trabajo, no lo dejes. Que si tu pareja es un cuadro viviente del incordio, persistas ahí por encima de la úlcera gástrica que te enviará a la tumba y cosas por el estilo.

¿Quieres otro botón de muestra? Aquí va:

«Las palabras son de plata; pero el silencio es de oro».

¡Dios!, ¿a quién se le ocurrió una sentencia semejante? ¿A Calígula? ¿Kim Jon Un? ¿Stalin?

Es decir, que si me quedo callado estoy más guapo. No importa cuánto me atropellen, cuántas razones tenga para interponer en una situación conflictiva o la cantidad de pensamientos que me crucen por la cabeza, lo mejor es que me trague la lengua junto con mis palabras «de plata».

¡Al carajo!, son las que poseo yo para liberarme de una atadura dictatorial que intenta silenciarme.

Mi recomendación es que te hagas el favor de revisar el baúl de tus consejas aprendidas, analizarlas y quedarte únicamente con las que te sean de verdadera utilidad.

Ya sabes qué hacer con el resto.

Aquí, la guía para el examen que decidas realizar:

1. Casi la totalidad (con salvadas excepciones que tú decidirás) de los refranes populares, en especial aquellos que advierten contra de la libre decisión de las personas.

2. Consignas políticas en general.

3. Ideas mágicas acerca de ciertas acciones que no se deben realizar. Por ejemplo: «No mezclar comidas frías con calientes, porque produce dolores de barriga» o «La masturbación es perjudicial, porque lleva a la locura» «Reír mucho es inconveniente

porque luego se llorará con la misma intensidad» y otras tonterías similares.

4. Casi todas las moralejas de los cuentos de hadas.

5. Razonamientos basados en los miedos ajenos y en coacciones
   destinados a que uno actúe sin voluntad propia.

6. Cualquiera de las grabaciones mentales que poseas en tu archivo
   individual, implantadas sin análisis y con prohibición de ser
   sustituidas.

7. Jingles publicitarios diseñados para obligarte a comprar cosas
   que no necesitas.

8. Letras de canciones que estimulen la violencia, el desorden o
   cualquier ataque a semejantes.

9. Consejos de «sabios» sin credenciales, (Incluyendo tíos, abuelos
   o profesores a los que no les ha ido muy bien que digamos).

¡OH, QUÉ PALABRA!

Poema ramplón de dos akarajados

¡Oh, qué palabra, a su inventor bendigo
por tanta dicha que a mortales trajo,
cuando inspirado por celeste musa
trajo al mundo el criollísimo CARAJO!

No hay trance alguno de la amarga vida
en que no siente con primor un «ajo»,
y por eso quien habla nuestro idioma
no puede conversar sin el CARAJO.

Si te molesta el petulante y necio,
si alguien te choca por lo ruin y bajo,
frunces la cara y al amigo dices:
«¡Ese tercio que se vaya p´al CARAJO!»

¡CARAJO!... exclamas, si te duele un callo
en la casa, en la calle o el trabajo;
y si alguno llegare a molestarte
le dirás sin revés: «¡No sea CARAJO!»

Si de un aprieto con donaire sales,
garbo ostentando y mucho desparpajo,
alzas la frente y con orgullo dices:
«¡He tenido más suerte que'l CARAJO!»

Mas, si salir no puedes
del rudo lance ni por un atajo,
te agarras la cabeza y luego exclamas:
«¡Maldito sea el CARAJO!»

A las chicas más buenas y bonitas
a veces se les oye, por lo bajo,
pronunciar con donaire y simpatía,
delicado y dulcísimo ¡CARAJO!

Ves una chica que cautiva tu alma,
tomas un aire seductor y majo,
pasas, saludas y murmuras luego:
«¡Esa chica es más linda que'l CARAJO!»

Tal vez a poco tus miradas hiere
alguna cara de ogro o espantajo,
pasas, escupes y con asco dices:
«¡Qué fea... CARAJO!»

Si a tus querellas corresponde alguna
con un «yo te amo», dicho sin desgano,
al quinto cielo subirás diciendo:
«¡Qué feliz soy CARAAAJO!»

Mas, si una chica me desdeña, ingrata,
a suplicarle nunca me rebajo;
y con su gracia, su hermosura y todo,
al instante la mando ¡pa'l CARAJO!

En realidad, no entiendo esta palabra
que a lo bueno y lo malo le abre tajo,
pues cualquiera te dice sin pensar:
«¡Ese hombre es más bueno que'l CARAJO!»

Pero, en cambio, si es malo y harapiento
y su alma es de torpe renacuajo,
sudas de rabia y al compadre dices:
«¡A carajo más malo ese CARAJO!»

Por eso, obedeciendo justamente
a tanta dicha que a mortales trajo,
yo pongo como Rey de nuestro idioma
al sublime y riquísimo CARAJO.

Autores: Álvaro Medina y Pancho Gil…
(dos akarajados).

Lecturas recomendadas

BISHOP, SUE: *Desarrolle su asertividad,* Gedisa, Barcelona, 2005.

COVEY, STEPHEN: *7 hábitos de la gente altamente eficaz,* Paidós, Barcelona, 1989.

DITTS, ROBERT: *El poder de la palabra. PNL,* Urano, Barcelona, 2003.

GOLEMAN, DANIEL: *Inteligencia emocional,* Kairós, Barcelona, 1995.

GRINDER, JOHN y BANDLER, RICHARD: *De sapos a príncipes,* Cuatro Vientos, Santiago de Chile, 1982.

HALEY, JAY: *Uncommon therapy,* W.W. Norton, Londres, 1973.

LANDAETA H., CÉSAR: *Al infierno se va en pareja,* Alfa, 2006.

STAMATEAS, BERNARDO: *Gente tóxica,* B de Books, Barcelona, 2011.

WATZLAWICK, PAUL: *Cambio,* Herder, Barcelona, 2009.

Dr. Albert J. Bernstein

VAMPIROS EMOCIONALES

Cómo reconocer
y tratar con esas personas
que manipulan
nuestros sentimientos

edaf

AUTO
sabotaje

Cómo eliminarlo y elevarse hacia el éxito

Libérese de:

Los miedos
Las relaciones destructivas
La ira contenida
El autosacrificio

Martha
BALDWIN

edaf